龍泉青磁の起源を追って

竹大(たけだい)和男

はじめに

龍泉窯の草創期はいつなのか。

龍泉窯の、それ以前の製品は浙江北部の越州窯や浙江南東部の甌窯の製品とあまり区別のつかないような青磁であったし、むしろ、かの地に遅れをとっていた。

龍泉窯独自の特色をもった作風が確立されたのは北宋時代初期頃とし、11世紀から12世紀を龍泉窯青磁の黎明期であるとの考えがある。私は、龍泉窯草創（黎明）期は10世紀前葉頃まで遡ると考えている。草創期に作られたという点では異論のない淡青釉青磁は、共伴した資料から、少なくとも五代呉越国末期までの時代は五代と考えられるのである。龍泉窯独自の特色をもった作風が確立されたのは、10世紀前葉の五代の可能性を指摘したい。

新たに見出した淡青釉の輪花（蓮花）碗（9ページ）は、天復元（901）年の水邱氏墓出土の越州窯青磁碗と全くの同形である。同じ層からの出土と思われる劃花文碗（9ページ）や追加資料（22ページ）から考えて、私には草創期の時代は五代と考えられるのである。龍泉窯独自の特色をもった作風が確立されたのは、10世紀前葉の五代の可能性を指摘する論考は、中国の研究者にはときおり見受けられてはいる。

参考　朱伯謙　1989　「龍泉青瓷簡史」『龍泉青瓷研究』文物出版社

森達也　2012　龍泉窯青磁の展開　『陶説』707号　日本陶磁協会

王睿　2011　龍泉東区と龍泉西区出土瓷器比較研究　『龍泉窯研究』故宮出版社

水邱氏墓出土の青磁碗（『浙江文物考古所学刊』1981より）

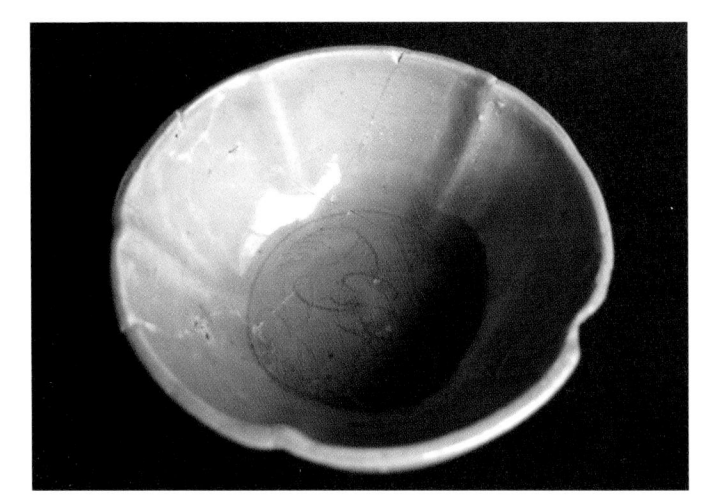

龍泉淡青釉碗（9ページ、22ページ）の見込みに描かれた劃花の文様は、浙江省博物館編『浙江紀年瓷』2000にある臨安市祥里村康陵出土の五代天福4（939）年銘と同型の、この越州窯碗の劃花文に酷似している。
口径85mm、高さ46mm、底径43mm

目次

龍泉青磁の起源を追って

竹大 和男

はじめに 3
目次 4

あなたは色彩を記憶に留め、
それを言葉で伝えることができますか 5

第Ⅰ部 青磁の釉色

1章 色見本の提案 7
2章 淡青色と五管瓶 30
3章 明（冥）器の系譜 34
4章 李剛著『古瓷発微』 37
5章 権奎山『試論南方古代名窯中心区域の移動』1 40
6章 権奎山『試論南方古代名窯中心区域の移動』2 45
7章 47

第Ⅱ部 フィールドワークと胎土分析

1章 原始青磁の鐘 51
2章 龍泉金村窯の碗 52
3章 龍泉山頭窯の碗 55
4章 慶元県上垟窯の碗 57
5章 温州正和堂窯の碗 60
6章 上垟址を訪ねて 62
7章 大窯址を訪ねて 65
8章 金村窯を訪ねて 68

第Ⅲ部 雲南省に喫茶の起源を追って

住人はまた、
稲作の起源の地の人々でもあった 72

75

第Ⅳ部 高麗青磁の起源を追って

1章 高麗青磁の起源を追って 1 97
2章 高麗青磁の起源を追って 2 101

『あとがき』より 102

104

107

あなたは色彩を記憶に留め、それを言葉で伝えることができますか

二〇〇九年の文物出版社による『龍泉大窯楓洞岩窯址』のなかで、秦大樹、施文博両氏による「明代以前の龍泉窯に関する文献記載」から、翻訳し紹介させていただく。

「著名な窯のなかでも龍泉窯に関する記載は比較的早く、宋代だけでも文献記録は数本ある。最も早いものは紹興三年（一一三三）の《鶏肋編》上巻で、"龍泉佳樹与秘色磁"というタイトルにおいて、"処州龍泉県多佳樹、地名豫章、以木而著也。山中尤多古楓木……又出青磁器、謂之'秘色'、錢氏所貢、蓋取于此。宣和中、禁庭制様須索、益加工巧。"この記載は龍泉窯と越窯の秘色磁をいっしょくたにしている。このことは南宋初頭には龍泉窯は誰にでも知られている製磁系統ではなかったことを表明している。龍泉窯の製作時期は北宋時代からさらに遡ることができるが、その社会的影響は、南宋の初期にはそれほど高くなかったので、常にその時更に流行っている越窯と混同された。もう一つ比較的に早い記録は叶寘の《坦斎筆衡》に見られる。それは、"本朝以定州的白瓷器有芒、不堪用、遂命汝州造青窯器、故河北唐、鄧、耀州悉有之、汝窯為魁。江南則処州龍泉県窯、質頗粗厚。"上述の二つの文献記載から見て、この時期には龍泉窯に対する評価はまだ高くはなかった」

これらの指摘は、私にはとても興味深い。そして、「事実、南宋早期までは、龍泉窯の製品の品質はおそらく良いところが乏しかったことは確かなのであろう」と、見解を述べられている。しかし私には、そのようには感じられないのである。《鶏肋編》の庄綽や叶寘には、産出量が少ない時代ゆえに、目に触れる機会が少なかったのではないか。また、その時代の製品の評価について私には、秦教授らの評価は厳しすぎるように思えるのである。

なお、第二章「明初の龍泉貢磁器に関連する問題について」のなかでは、

「発掘整理した結果から私達は、同じ時期の地層で、少なくとも同じ窯場で2種類の異なる器物が存在していることを発見した。一つは、製作が精巧で美しく、特に高台部の痕跡がきちんと整っていて、いい加減なところがなく、釉色が安定し厚みが均一で、豆青色を呈し、しばしばびっしりと刻花文が刻まれ、紋様は明初の景徳鎮御窯場で生産された青花磁器と同じで、装飾がないものはむらがないものだ。もう一種類は、製作が比較的粗く、高台部の痕跡が乱雑で、‥‥」

と、すぐれた明代初期の釉色を豆青色と呼んでいる。中国研究者によって名づけられた大まかな青磁釉色の変遷は、五代に始まる淡青色から北宋時代の豆青色へ、そして南宋時代の粉青色、梅子青を経て、明初の豆青色へ、といえよう。

中国の王朝史

B.C 1700頃	商（殷）
1100	西周
770	東周　春秋時代
403	戦国時代
256	
221	秦
206	
A.D.8	前漢
25	新
220	後漢
265	呉　蜀　魏
317	西晋
420	東晋
589	南北朝
618	随
907	唐
960	五代十国
1125 / 1127	北宋
1234 / 1279	金　南宋
1368	元
	明

関連地図

五代の上虞市窯寺前窯址
推定口径 126mm、高さ 84mm、底径 66mm

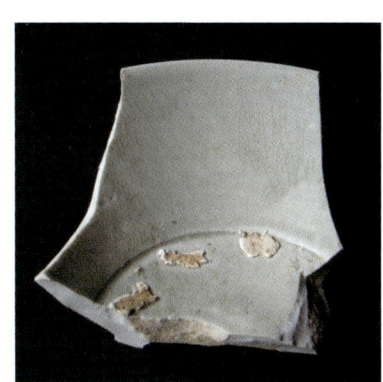

温州市正和堂窯址（晩唐から北宋）
推定口径 180mmほど、高さ 59mm、底径 68mm
まさに、淡青釉。このことから朱伯謙は、「温州一帯の甌窯の手工業者がここ（龍泉）に来て生産を直接管理した可能性が強い」と、している

口径 127～128mm、高さ 46mm、底径 61mm

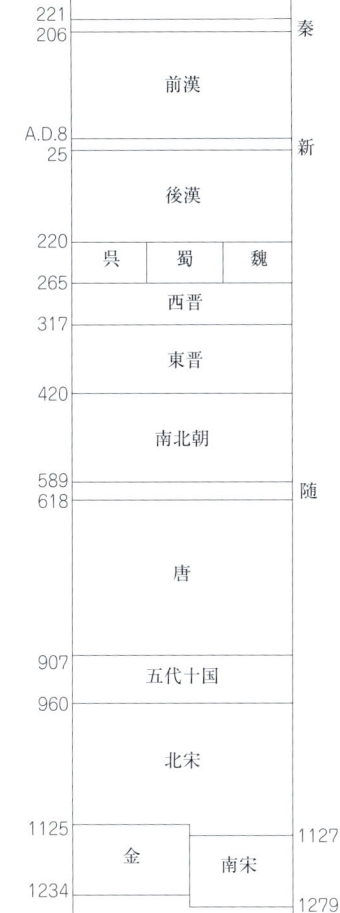

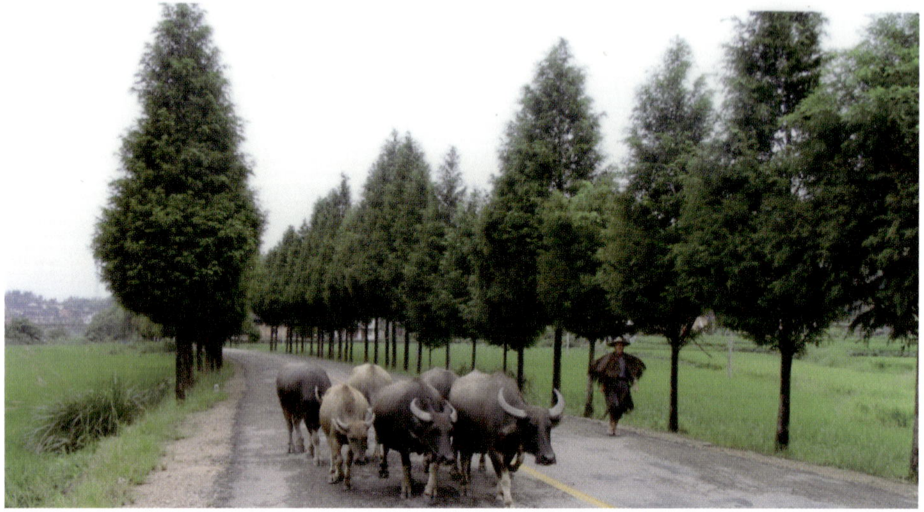

第 I 部

青磁の釉色

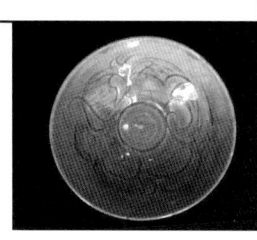

龍泉渓　2007年8月16日　大窯楓洞岩を調査の折に

左に流れを上ると、山頭窯

左右上　唐子文（北宋中晩期）
金村窯出土　櫛描き16本

右　表紙の碗の裏

表紙の写真　渓口
2002年4月2日
下　刻花文唐子（北宋中晩期）
金村窯出土
推定口径　185～187mmの碗

竹舟辺り

第 1 部・青磁の釉色

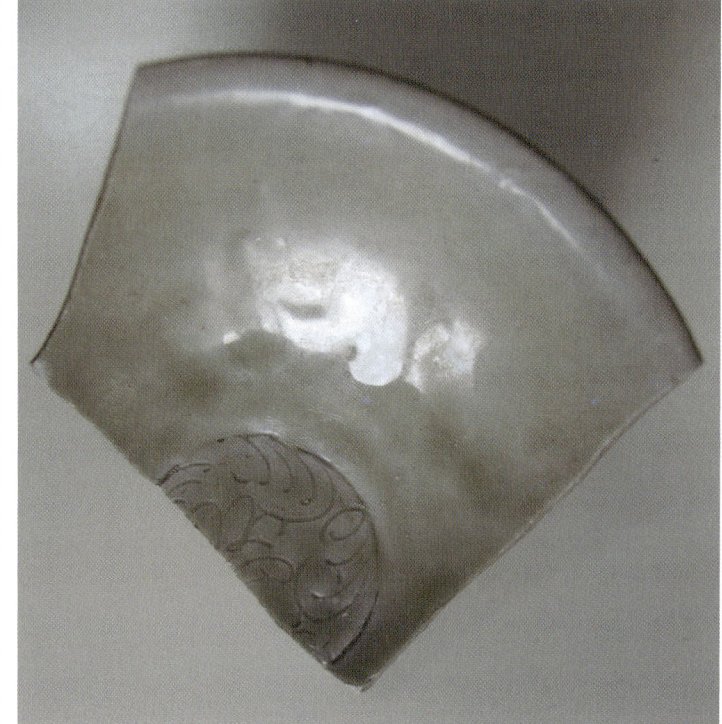

左上　淡青釉小杯（五代）金村窯出土　口径 78㎜、高さ 47㎜、底径 39㎜

左下　盞托（五代）旧龍泉青瓷博物館

上　淡青釉劃花文小碗片（五代）金村窯出土
『龍泉青瓷簡史』によれば、10号窯から同じものが出土している。
口径 116㎜、高さ（通高）45㎜、底径 36㎜

右上　裏面

右下　盤口瓶（五代）旧龍泉青瓷博物館

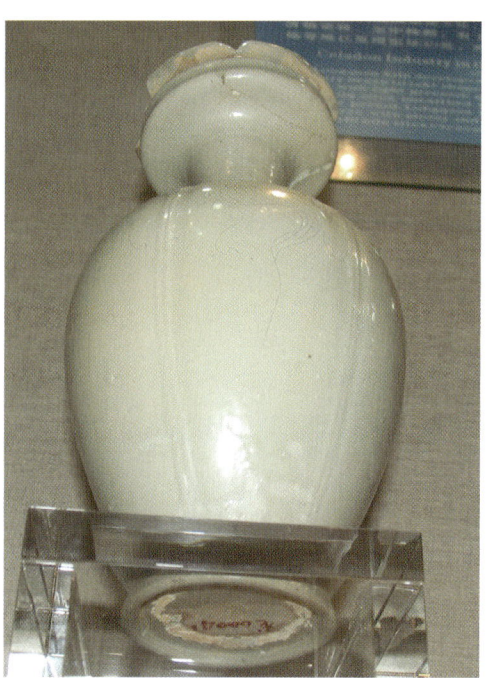

調査報告書によるＢＹ13（上段山）の
山頭窯の窯址に立って北を望む

下　龍泉山（鳳陽山ともいう）へ。
龍南郷　晩唐の杜牧の『山行（さんこう）』から、「白雲生処有人家」と語られる

大窯村

屏南鎮

宝渓郷

第1部・青磁の釉色

小杯（南朝時代）旧龍泉青瓷博物館最初の展示

小皿（唐）旧龍泉青瓷博物館

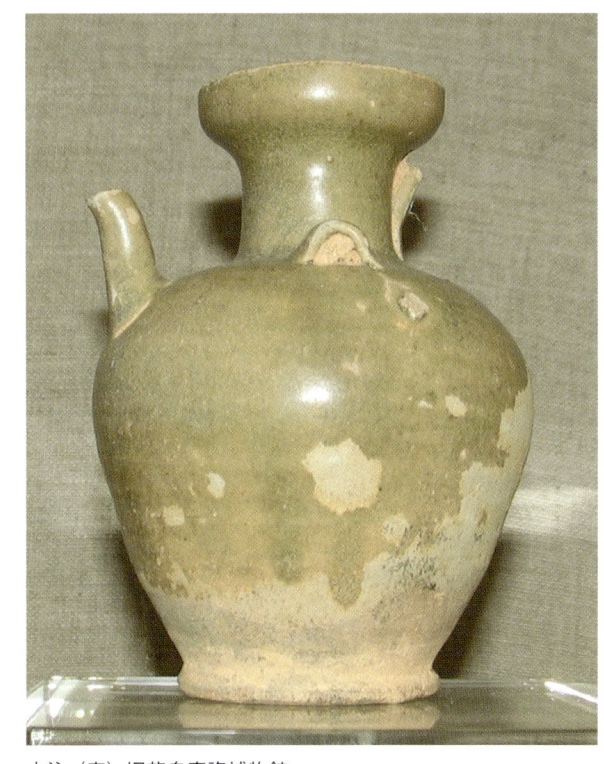

水注（唐）旧龍泉青瓷博物館

黒釉牛角瓶（唐）慶元県博物館

五角瓶（唐）慶元県博物館

小皿（唐）呂歩坑窯址

金村にて

安仁鎮李山頭村

輪タク　中山東路にて。龍泉にタクシーはない。
「龍泉賓館」から清風路を出たところ。
朝食なしで100元（2010年12月）

省道54号を小梅鎮に向かう折に

冬瓜売り

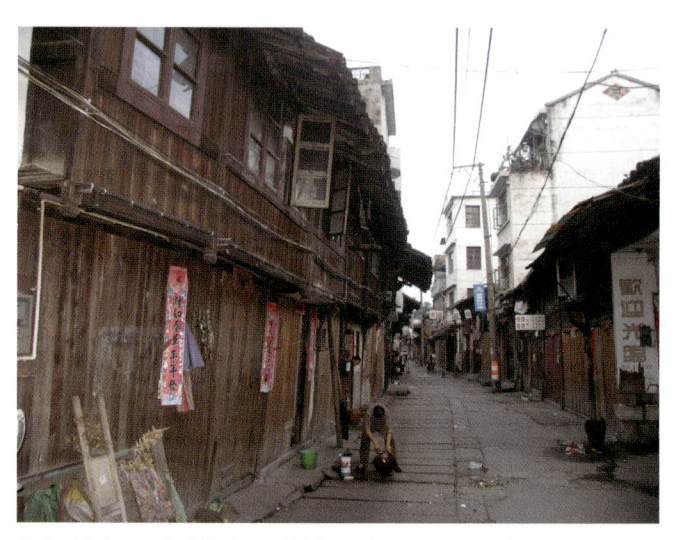

市内（上海から高速道路で→杭州→麗水→ほぼ540km）

第1部・青磁の釉色

左　福建省浦城市朱塘瑶窯
推定口径140㎜、高さ47㎜、
底径49㎜

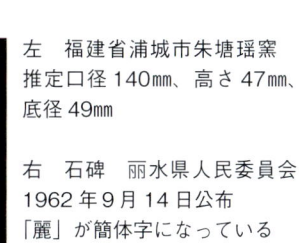

右　石碑　丽水県人民委員会
1962年9月14日公布
「麗」が簡体字になっている

右　麗水市呂歩坑窯
推定口径196㎜、高さ104㎜、
底径90㎜

福州に流れる閩江の上流の黄壇窯址。釉がねっとりしている。推定口径138㎜、高さ55㎜、底径66㎜

左　石碑　1982年9月立

右　松陽県界首窯
釉が閩江支流のものとは異なる。
口径136㎜、高さ44㎜、
底径73㎜

左 安仁口の緊水灘水庫の船着場からすぐ近くの碗圏山1号窯址出土。花喰い鳥が刻花されている。報告書にはみられない。
東京国立博物館に酷似するものがある。
口径291㎜、高さ79㎜、底径80㎜
12世紀（北宋〜南宋）

右 上垟6号窯址 淡青釉の多管瓶の陶片が見える（北宋）

右 上垟3号窯址 慶元県博物館によると上垟窯8ヶ所の中で、五代まで遡る窯

上 淡青釉の碗（北宋早期）
推定口径142㎜、高さ58㎜、底径46㎜
右 裏面

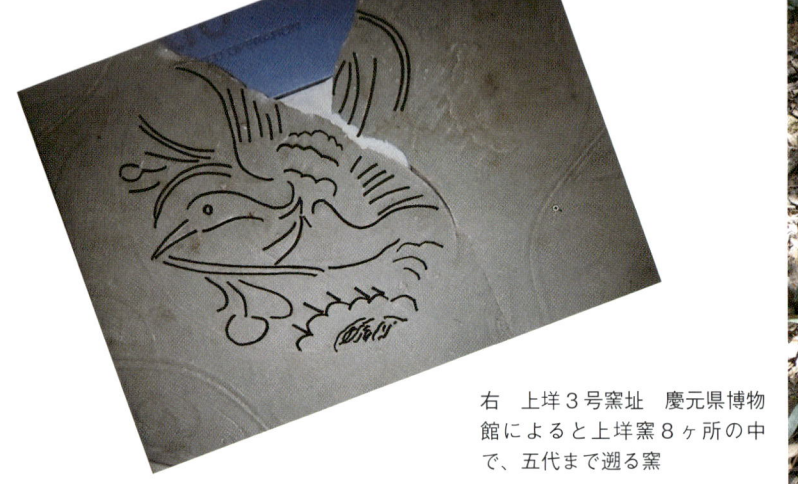

第 1 部 • 青磁の釉色

口径 126mm

この皿には折扇（綾条）文がない。
下の裏面

金村窯址

金村窯址

金村窯の碗（北宋中晩期）　中国の研究者は、これらの釉色を豆青色と呼んでいる。
口径 189mm、高さ 56mm、底径 43mm

口径 155mm、高さ 41mm、底径 52mm

山頭窯の碗（北宋晩期）口径188mmくらい、高さ133mm、底径60mm。
ボストン美術館で同様のものを収蔵

記念切手になった茶豊土洞墓出土の五管瓶

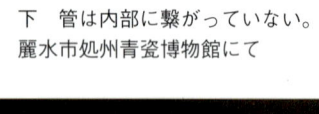

下　管は内部に繋がっていない。
麗水市処州青瓷博物館にて

金村窯の碗（北宋中晩期）
口径199mm、高さ117mm、底径44mm

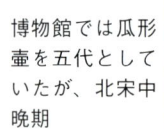

博物館では瓜形壺を五代としていたが、北宋中晩期

第1部 • 青磁の釉色

緊水灘水庫
左奥の木陰の水際で、花喰い鳥の陶片が見られた

茶瓶　山頭窯出土　北宋晩期
酸化炎焼成になってしまった

大白岸（金鍾湾）

大渓村

山頭窯出土

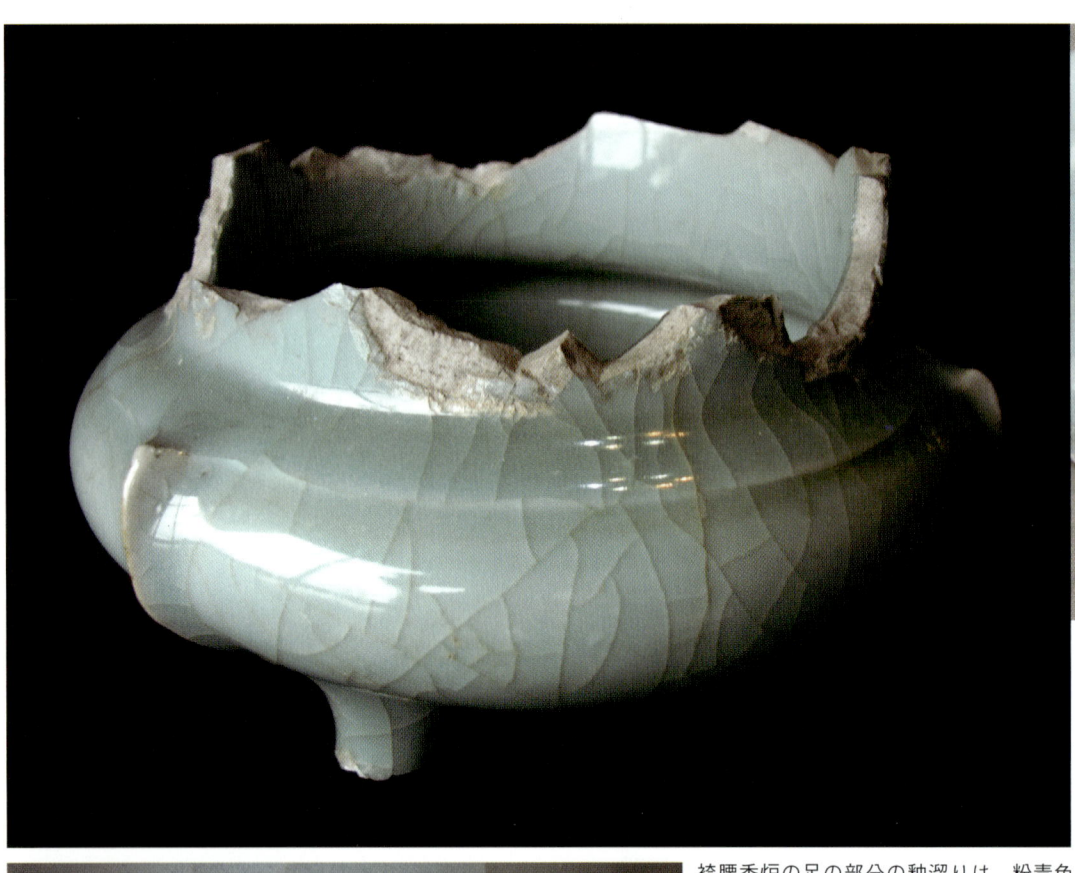

袴腰香炉の足の部分の釉溜りは、粉青色らしい粉青色

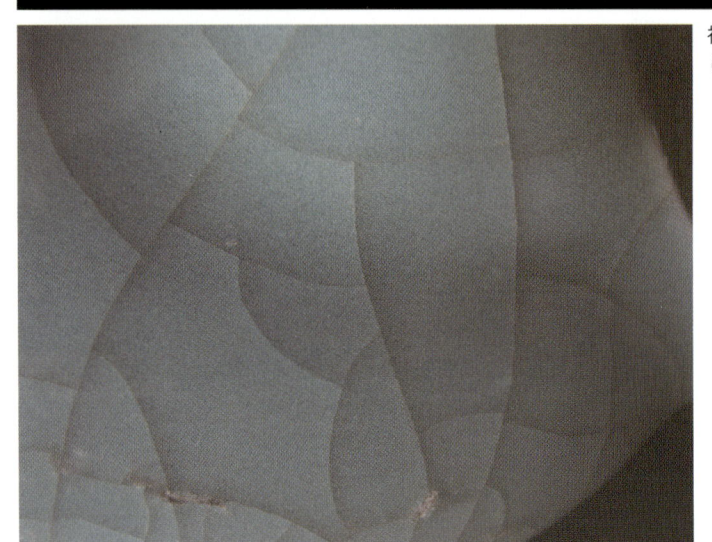

湿気を帯びた空の色は、台風一過、2011年9月21日（東京）
「雨過天青　雲破（やぶるる）処」に現れた

第1部・青磁の釉色

金村窯出土

亀文　安福窯出土

このような細蓮弁文碗の釉色を、梅子青と呼んでいる。
口径135㎜

貼花双魚文の口径216㎜　双魚文は多く、亀文は比較的少ない

流れを（左へ）上っていくと金村。左端の木の下辺りが、上垟3号窯

小梅鎮金村1番地の農家。石垣代わりにサヤを利用した段々畑。崩れた上に五代の窯址　　　　金村窯址

金村窯址　　　上垟窯址のカワセミ

金村窯出土

口径124㎜、高さ58㎜、底径57㎜　淡青釉の五代龍泉窯の象徴的な劃花文
金村窯出土

裏　溶着した窯道具

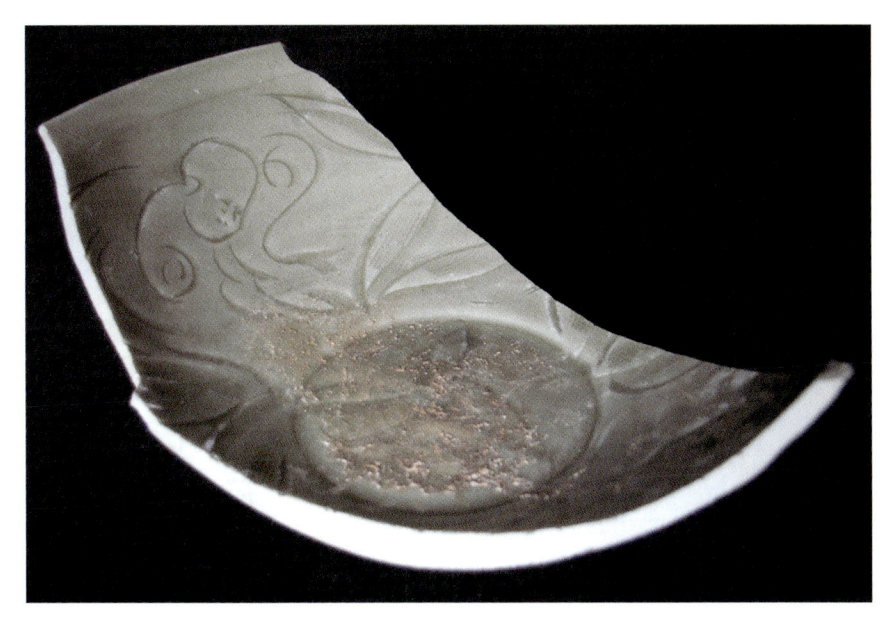

第 1 部・青磁の釉色

口径 190㎜、高さ 78㎜、底径 67㎜　豆青釉の北宋龍泉窯の象徴的な刻花文

斗笠碗　口径 125㎜、高さ 48㎜、底径 18㎜
このような釉色を翠青釉と呼んでいる

口径 184㎜、高さ 57㎜、底径 56㎜

裏面

朝の市場にて。竹製のこのような笠を、よく見かける
(英訳は Bowl in the Shape of Bamboo hat)

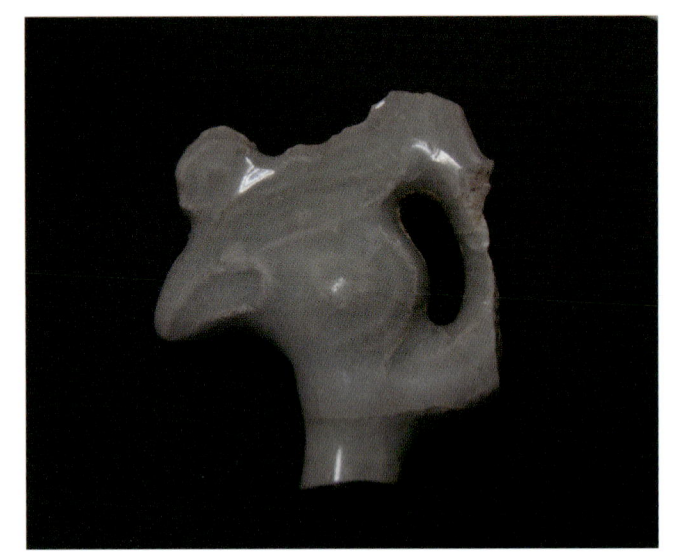

鳳凰耳瓶の鳳凰

鯱耳瓶の鯱　想像上の海獣
背にとげがあり、尾はそり曲がり、くじらをも殺すという。

朝の市場の龍泉餅売り

古玩店で見つけたネックレス　亀の貼花文（元代）

西街

旧正月を迎えて　中山東路

第1部 • 青磁の釉色

唐子の刻花文（北宋）

魚文

淡青釉碗（北宋）　口径 77㎜、高さ 43㎜、底径 41㎜

梅花の貼花文（元代）、大窯出土　口径 84㎜、高さ 40㎜、底径 20㎜

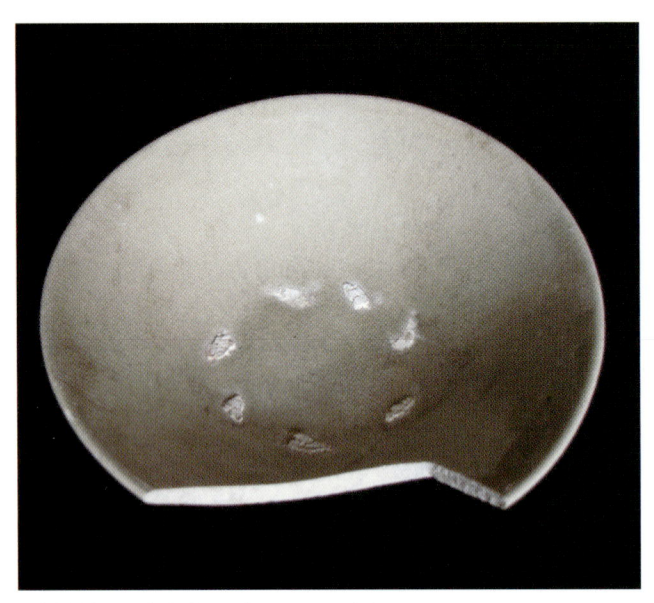

越州窯蛇の目高台碗　口径192mm　高さ39mm

裏　底径58mm

劃花文の鸚鵡

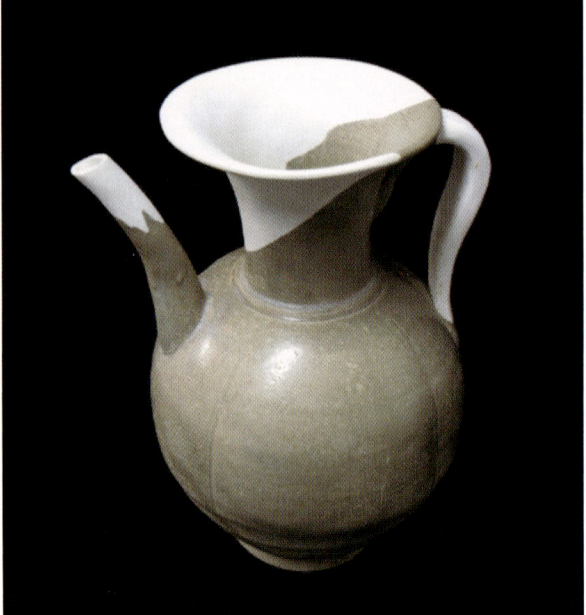

水注　口径96mm、腹径130mm、高さ193mm、底径76mm

越州窯碗（北宋）　口径153mm、高さ61mm、底径64mm

第1部・青磁の釉色

低嶺頭窯出土

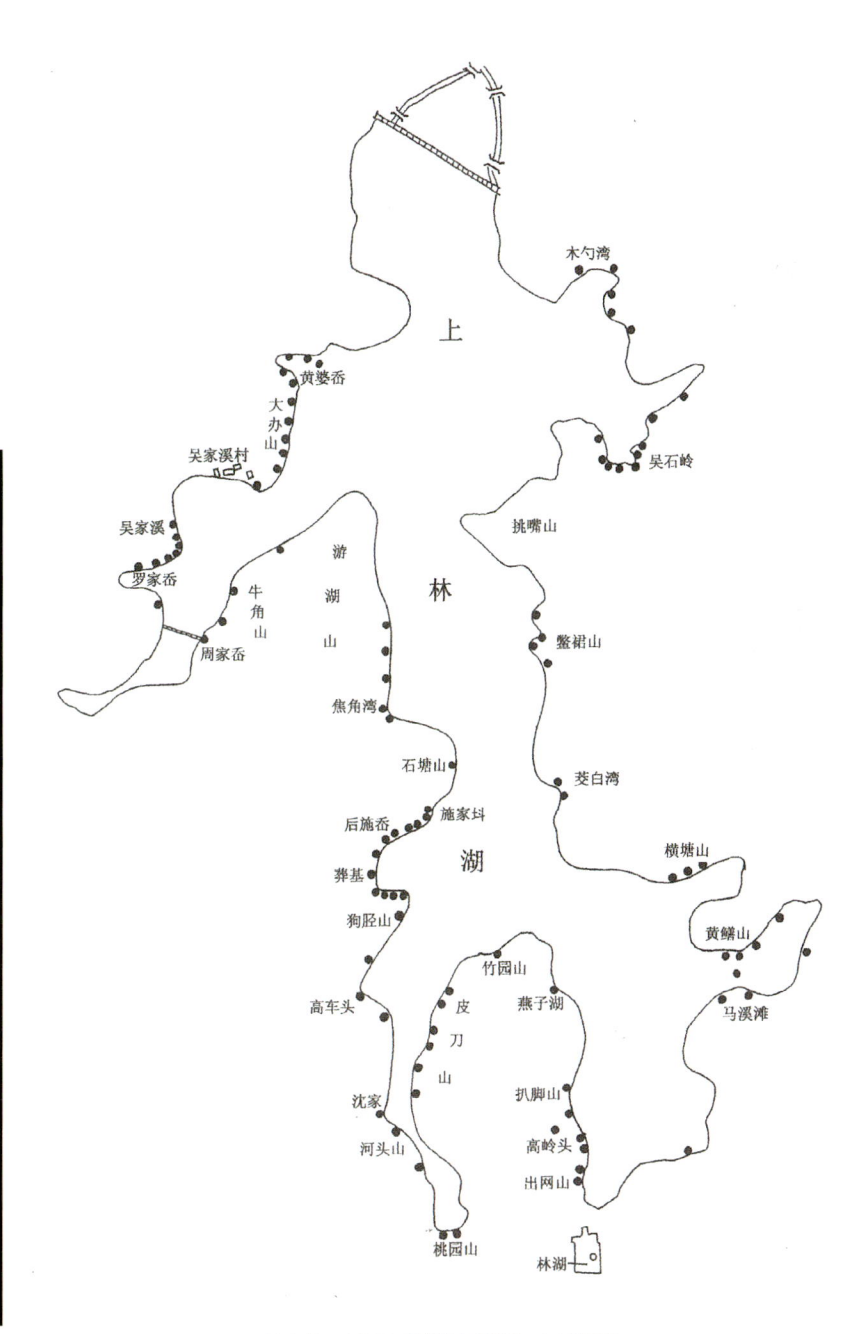

林士民　1999『青磁と越窯』より転写

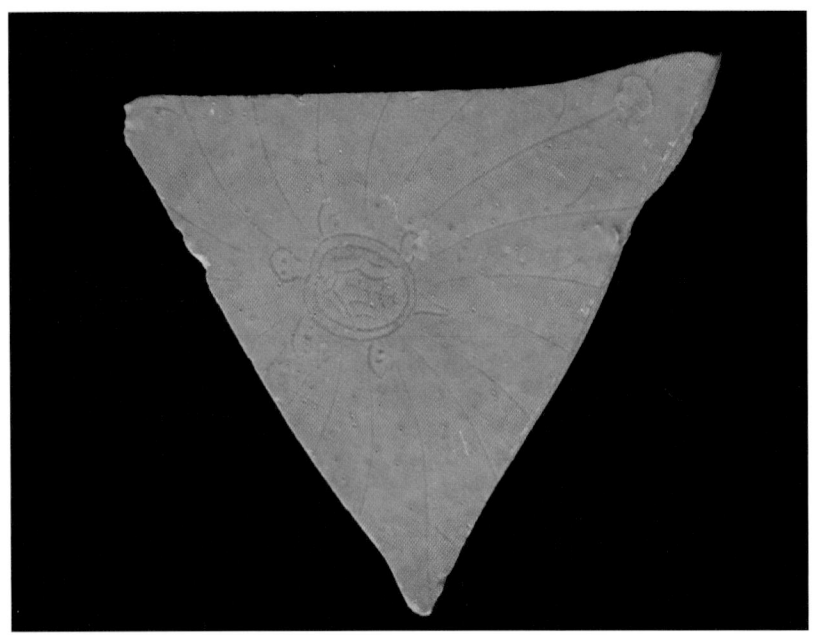

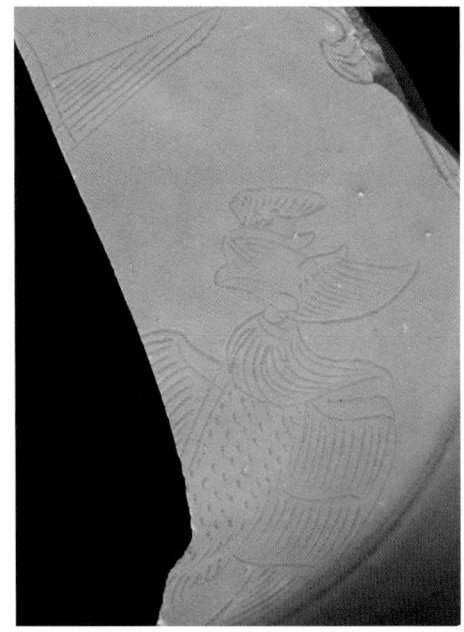

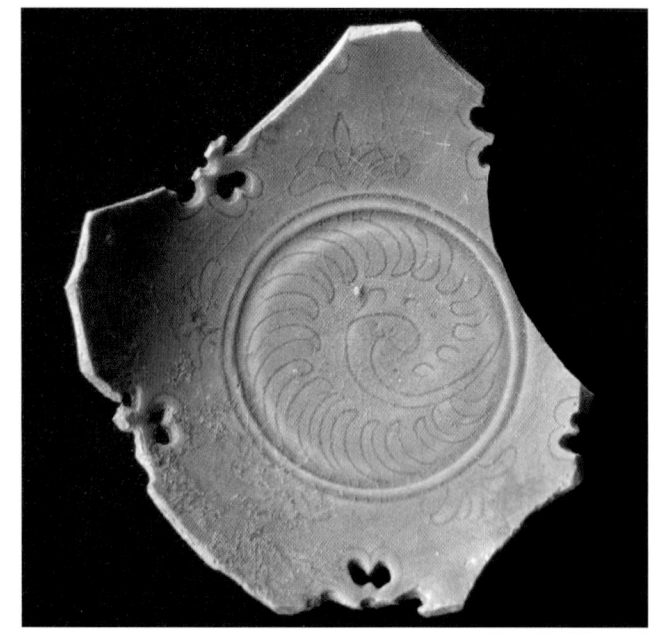

上林湖（畔出土）　　　　　　　　　　　　　上林湖　　　　　　　　　　　　　　　　　后施岙出土

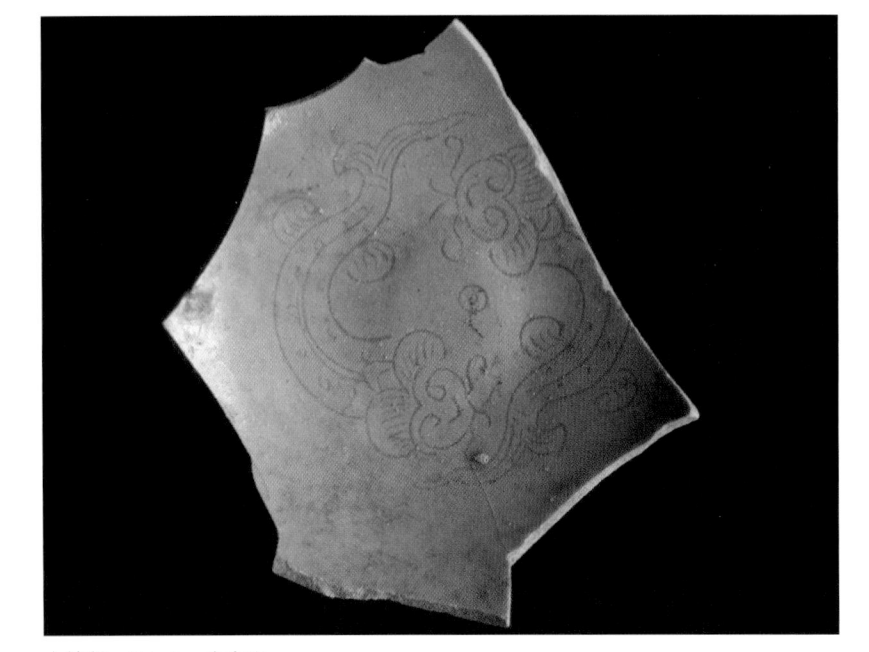

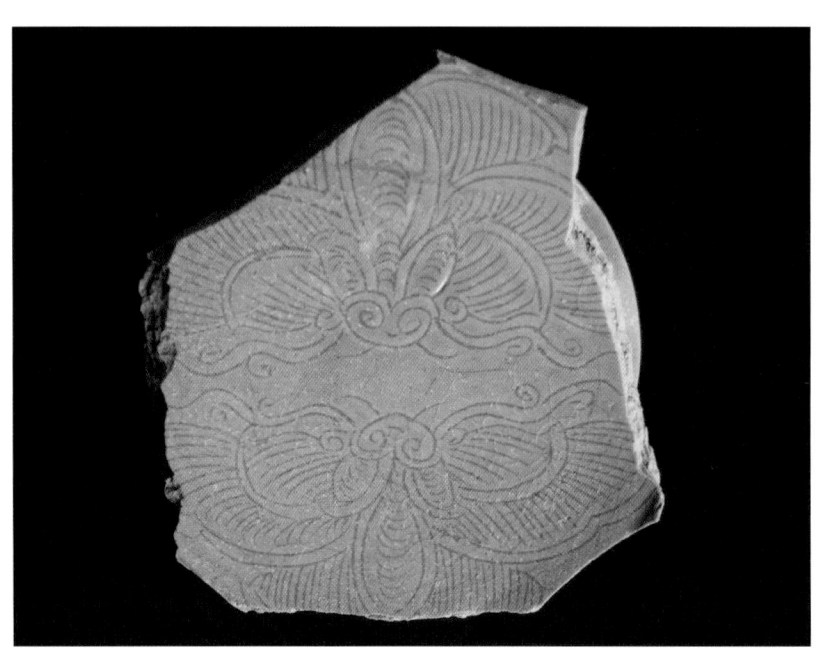

上林湖　サンショウウオ　　　　　　　　　双蝶文盤　后施岙出土　　　　　　　　　上林湖畔の劃花文

第１部・青磁の釉色

三清山　龍泉渓谷は江西省上饒市の三清山に似ている。
浙江省との省境

1章 色見本の提案

杜甫の「絶句」

江は碧(みどり)にして　鳥は逾(いよ)よ白く
山は青くして　花は然(も)えんと欲す
今春看す又過ぐ
何れの日か是れ帰る年ぞ

杜甫の「絶句」で、中学校の国語の教科書にも載っている。杜甫が成都にいたときの作で、成都がほぼ杭州と同じ緯度なので、龍泉はさらに南に位置することになる。酸化第一鉄に変化する酸化第二鉄の重量割合が増えてゆくにつれて色が濃くなり、「白磁釉から青白磁釉、青磁釉と青さを増し、ついには黒釉となり、基礎となる白磁釉の組成の違いや、他の添加物の混合効果などにより発色は異なるが、青磁と呼ばれるものの範囲は、鉄分が0.3から2.0の間にある」とされ、「一口に青といっても、実に様々な色調がある」ことを、佐賀県立九州陶磁文化館館長である鈴田由紀夫さんがテストピースによって示されてゆくにつれて色が濃くなり、「江は碧にして」の碧は、深くすんだ緑を私は連想する。「花は然えんと欲す」の花は、山つつじであろう。龍泉の山つつじには白もピンクもあるが、ここでは燃えるような深紅。然山は燃ゆ。春霞で煙る遠くの青い山々を背景に、真っ白い水鳥がゆったりと飛んでいる。起句と承句は、まさに龍泉の初春の風景なのである。

青磁の釉色は、基本的には、釉の中の鉄分が、還元焼成されることによって青く発色するのが青磁釉であり、すなわち、酸化第一鉄に変化する酸化第二鉄の重量割合が増えてゆくにつれて色が濃くなり、「白磁釉から青白磁釉、青磁釉と青さを増し、ついには黒釉となり、基礎となる白磁釉の組成の違いや、他の添加物の混合効果などにより発色は異なるが、青磁と呼ばれるものの範囲は、鉄分が0.3から2.0の間にある」とされ、「一口に青といっても、実に様々な色調がある」ことを、佐賀県立九州陶磁文化館館長である鈴田由紀夫さんがテストピースによって示されている。そして、背景となる胎土の色、その収縮率の違いなどにより、まことに微妙な、深遠なる世界がここに拡がっているのである。

北宋官窯に比定できるのではないかとされる河南省汝州市の張公巷(ちょうこうこう)から出土の釉色は、報告文によれば、卵青、淡青、灰青、天青色があるという。また、現地では、張公巷の典型的な釉色は、豆青色とよんでいて、臨汝窯のような暗灰緑色とされている。これに対して、大阪市立東洋陶磁美術館の伊藤郁太郎さんは、「豆青色とは成化年間の豆彩のえんどう豆のイメージがある。透明感があり、淡灰緑色」と、されている。豆青色について龍泉青瓷博物館では、サンプルが出土資料として展示され、豆青色についての龍泉青瓷博物館の認識も示されている。このように、「色に対する感覚には個人差があり、釉色の表記は非常に難しい」のである。私は、そらまめを買ってきて見比べたことがある。天青色といえば、清代に書かれた『陶説』によれば、五代の最後の王朝である後周の世、宋柴栄によって語られた言葉「雨過天青雲破処」なので、雨上がりの空の色を連想でき、比較的認識しやすい。しかしそれでも、寒い澄み切った乾燥した冬空は、同じなのかどうか。淡い天青色と表現されると、どのような色合いなのか、分かるようで分かりにくい。そこで、伊藤さんも提案されている色名表でカラーチャートによる釉色表示を、私は、ぜひお願いしたいのである。世界共通語となり、客観的だからである。

代表的な色見本のなかで、例えば、DIC（旧大日本インキ化学工業株式会社）の「中国の伝統色」ならば、中国の陶磁研究者も納得されるのではないかと思われるので、私は、この色見本の活用を提案したい。収録された

窯道具（高際頭窯址）

細蓮弁文碗（高際頭窯址）

第1部・青磁の釉色

320色は、中国古代色の標本を基に中国中央美術院の王定理氏の監修により、DICにより再現されたものである。320色では、まだまだ私には少ないと思われるのだが、それでもそれぞれの色には、品番と色の名前が付けられていて、このような色見本があれば、日中で共通のものとなり、理解が得られやすいからである。

渓口窯の写真（32ページ掲載）で、小さな短冊状のものは色見本で、そこには品番と色の名前が書かれている。下の3点は黒胎で、左からC-189の灰緑（ホイリュー）、C-223の青虾色（チンシアスー）、C-190の冬緑（トンリュー）で、その上4点は、白胎で、左端がC-186の湖緑（フーリュー）、右端がC-233の暗苔緑（アンタイリュー）である。背景紙を使って撮影した。私には、ここに示したこれらの色見本がほぼ実際の釉色に一致しているように見えるので、示してみた。右端のC-233の暗苔緑には透明感が少ない。これらは馬鞍山東南麓の、粉青とよばれる南宋から元の時代の渓口瓦窯垟窯址周辺のもので、龍泉渓に注ぐ墩頭渓を眺めながらのわずかな時間に散見できたもので、青味を帯びたものから緑味をおびたものまで、粉青色といってもこのように微妙に異なるものなのである。これらをわが国では、砧青磁と呼んでいるが、厳格にこれらの粉青色を分類しようとすれば、一つの窯址でもさらに細かく分類できる。中国の研究者はこれらの釉色を、灰緑（ホイリュー）、青虾色（チンシアスー）、冬緑（トンリュー）、湖緑（フーリュー）、あるいは暗苔緑（アンタイリュー）などと言葉だけで表現しようとするので、清代の字書『康熙字典』に至っては4万字を超えているし、日中の認識に相違が生じるのは当然なことで、中国研究者の間でも相互の正確な認識は困難なはずである。そもそもそれぞれの色にも幅があるはずである。実際、龍泉青瓷博物館で、渓口窯の黒胎青磁として展示されているものは、もっと暗い色合いのものなのである。

なお、黒胎青磁は単独の堆積層はなく、大窯の小学校手前の新亭窯址出土のものなかにもきわめて近いものが見られる。土のものは釉層の断面が4層であったという。そして黒胎青磁の出現は、南宋の寧宗（1194～1224）前後といわれている。

龍泉青瓷釉色（ロンチュアンツーユースー）と名づけられたC-

元代の高際頭窯址　傾斜は14度くらい
この道を進むと大窯村

村10号窯の碗は、「中国の伝統色」では、C-216の法国を別の例で述べる。

色見本を統一して述べた方が良いので、そこで述べた金

『古陶磁の科学』では、「色の名がチャンときまってなければ、釉の話さえできません」といわれ、江戸時代は、「芭蕉の句と同じように、西洋のBlueの意味でもありません。」そして、中国の漢詩などから、「緑竹青青（詩経）などでは青は松や竹の色です。空の色とは違います。緑竹青青では緑が竹の色であり、これを青青と形容しています。ですから『緑』と『青』とはここでは同じ色です」「けっきょく青でも緑でも、碧でも色は同じに感じ、ただ言葉の響きだけが問題なのでしょう」とさえ、述べられている。2章で、私は同じことを別の例で述べる。

207は、渓口窯出土のもののなかにもきわめて近いものが見られる。土のものは釉層の断面が4層であったという。そして黒胎青磁の出現は、南宋の寧宗（1194～1224）前後といわれている。

320色の色見本でさえ、以下のごとく、これだけ存在するのである。黄灰（ホワンホイ）、正灰（チョンホイ）、庭院瓦灰色（ティンユアンワーホイスー）、承徳灰（チョントーホイ）、青灰色（チンホイスー）、雪青灰（シュエチンホイ）、雪灰（シュエホイ）、水貂灰（シュイティアオホイ）、暗灰（アンホイ）、灰米（ホイミー）、虾灰（シアホイ）、鉛灰色（チュンホイスー）、芽灰（ヤーホイ）、米灰（ミーホイ）、深銀灰（シェンインホイ）、乳灰（ルーホイ）、中棕灰（チョンツォンホイ）、などなどである。名づけられたこれらの色見本の品番の是非はともかく、具体的にこれらの色見本の品番で論じることができれば、理解がしやすくなるはずである。

唐代には誕生したとされる水墨画では、墨に五彩ありとはよく語られることである。灰色といっても、これだけ存在するのである。

320色の色見本でさえ、以下のごとく、これだけ存在するのである。例えば、C-245の春藍（チュンラン）に近いと、私には感じられる。このように、青磁の釉色は微妙に、まことに様々なのである。

福建省朱塘瑶窯址（これらの陶片は現在、浦城県博物館に展示されています）

梧桐皮色（ファークオウートンピースー）で、口縁部の釉の薄いところが、C−216の鉛灰色（チェンホイスー）となる。これらの色見本の選択も、320の品番では、「この色に近い、この色に極めて近い」と言うすべがなく、別の人が見れば別のものを選択するかもしれない。上坪3号窯の碗は、C−143の深銀灰（シェンインホイ）と名づけられているものに近く、温州市正和堂窯の碗は、C−213の芦灰（ルーホイ）に近い。

これに対して、慶元県黄壇窯の碗は福建省浦城県の朱塘瑶窯に極めて似ていて、C−179の橄欖緑（カンランルー）のようである。私は、唐代の福建省朱塘瑶窯や羅源窯の閩江流域の釉色と、麗水市呂歩坑窯と松陽県水井嶺頭窯の甌江流域の釉色に違いを感じるので、それゆえに唐代の窯址を、閩江流域グループと甌江流域グループの2グループに分けて考えたら良いと思う。水井嶺頭窯の碗は、C−177の軍緑（チュンリュー）で、釉の濃いところはまさに、越州窯の秘色のようなのである。

改めて、DICの「中国の伝統色」のような色見本の採用を、中国陶磁器研究において、そして、美術館のキャプションなどにおいて、私は提案させていただきたい。

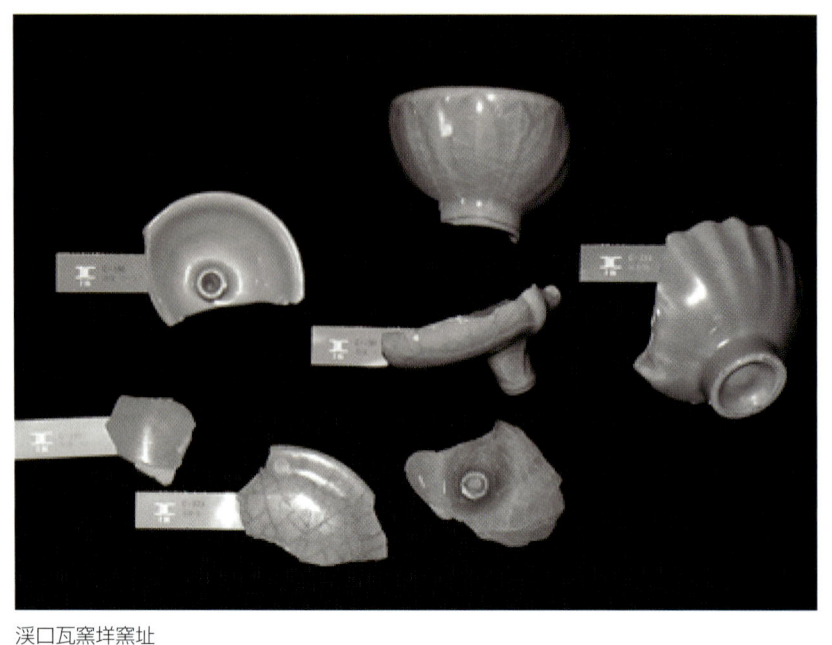

▼引用・参考文献

伊藤郁太郎　2005　「北宋官窯探訪余談」『陶説』日本陶磁協会

金祖明　1962-10　「龍泉渓口青瓷窯址調査紀略」『考古』科学出版社

鈴木由紀夫　1991　『伊万里青磁』古伊万里刊行会

田中謙二　1968　「漢字の成立」『古代中国』世界文化社

杜正賢　2002　『杭州老虎洞窯址瓷器精選』文物出版社

『古陶磁の化学』

肥前色絵草創期の赤色について

私の角皿を「色絵桔梗文角皿」と呼ぶことにする。出土する陶片から、肥前磁器の1650年代前半頃に稼働した「檀伐桐」窯の製品である。瀟洒な味わいをもつ小皿である。成形は型によるもので、高台は糸切り細工である。白く美しい素地の上の桔梗の赤絵具がじつに印象深い。余白部に

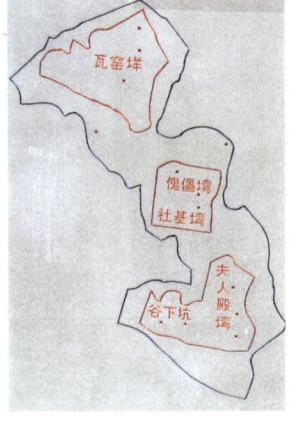

渓口窯址

渓口瓦窯垟窯址

第1部・青磁の釉色

は型による紗綾形が陽刻されている。外側面には折松葉を赤絵具で四方に配す。高台側面には凹凸文をめぐらす。底面中央には染付による角銘を記す。紗綾形文は卍の先端をコの字状に折り返したものを基本単位とし、これを四方に連続して繋いだ文様である。

赤色に注目すると、濃く描かれているところは Pantone 社の『solid chips coated 202C』に酷似し、絵の具が薄く描かれているところはこの色が薄められているようで、『201C』に極めて近い。

ところが、1650年代の終わり頃、万治2（1659）年、オランダ東印度会社から大量注文を受け、輸出物の時代の幕が開いた。東京国立博物館の常設展の「色絵花卉文壺」は、広口胴張りの形や胴三方に窓絵を描く構図取りは中国明末、清初の景徳鎮の欧州向け輸出陶磁を忠実に模倣している。初期輸出物の代表作である。この壺の赤彩は明るさを増し、Pantone 社の『solid chips coated 200C』に極めて近い。やがて、輸出期の全盛期、それは柿右衛門様式の全盛期になると、橙色味のある『186C』ないしは、『185C』に近くなる。

なお、戸栗美術館では真砂遺跡から出土している色絵小皿と器形が同類のものを収蔵している。この小皿の赤色は『209C』に酷似している。肥前色絵誕生直後と考えられている。

なお、九州陶磁文化館では、調査報告書をコピーさせていただいた。

2章 淡青色と五管瓶

1998年9月、麗水市処州青瓷博物館の鐘燕副館長の案内で、南北朝時代（六朝）～唐時代晩期の呂歩坑窯址を、福建省松溪県博物館の楊敬偉さんの案内で、宋代の迴場窯址をフィールドワークすることができた。

8月には、島根県の古代出雲歴史博物館や鳥取県の弥生時代の遺跡、青谷上寺地遺跡と妻木晩田遺跡を訪ねた。中国の原始青磁が誕生する後漢時代がわが国の弥生時代後期にあたるのに、原始青磁の「鍾」という形が、弥生土器にどうして存在しないのだろうと、疑問に思ったからだった。

後漢時代になると、釉薬のしっとりかかった草創期の青磁が出現する。有名な、「建武中元2（西暦57）年、倭の奴国、奉貢朝賀す。使人自ら大夫と称す。倭国の極南界なり。光武、賜うに印綬を以てす」『後漢書』東夷伝という時代であり、奴国の王たちは、朝鮮半島の楽浪郡に出向き最先端の文化に触れていた。しかし、弥生社会にもたらされ、吸収できた技術もあればそうでないものもあり、漢字のように、すぐには吸収できなかったものも多いともいえる。「鍾」とよばれる轆轤を使った原始青磁などは、弥生社会にもたらされることはなかったようだ。弥生土器には「鍾」のような耳はなく、簡便な回転台を使っていたのかもしれないが、弥生土器の成形方法は巻き上げと輪積みの紐作りが主なのである。還元炎で焼かれる硬質の（須恵器とよばれる）ものは、5世紀にならないともたらされることはなかったようだ。

後漢時代のこの時期の中国では、多口壺（五管瓶などともよんでいる）が登場する。唐代の龍泉多角瓶のルーツは越州窯のここにあるのかもしれない。

淡青色について

「淡青釉青磁の器壁はかなり薄く、形態は精巧であり、素地は白く‥‥底部は塾環を用いて支焼している」淡青釉青磁の焼造年代が五代末と北宋早期に当たるという記述は、私には、依然として正しいのではないかと思う。後の、粉青色、豆青色あるいは梅子青とよばれる青緑色への延長線上で考えれば、確かに淡青色と呼ぶ方が良いが、淡青（色）釉青磁の最初期は龍泉青瓷博物館の金村10号窯址の、見込みに変形の耳にした龍泉青瓷博物館の金村10号窯址の、見込みに変形の釉青磁の最初期は龍泉青瓷博物館の金村10号窯址の、見込みに変形のにした龍泉青瓷博物館の金村10号窯址の、見込みに変形の釉青磁の最初期はモスグレーのような色だ。高台内を総釉にした龍泉青瓷博物館の金村10号窯址の、見込みに変形のされることはなかったようだ。

宋代の褐釉穀倉（麗水市処州青瓷博物館）
門の両側には、犬と武器を持って立っている男。平底、内に凹。

唐代の五角瓶（慶元県博物館） 竹口鎮収集

宋代の五角穀倉（麗水市処州青瓷博物館）

五代の蟠龍瓶（慶元県博物館）

第1部・青磁の釉色

雲文の劃花碗は、上垪3号窯址で見られる高台内無釉の淡青色とは、焼成状態が異なったのか、あるいは釉薬の相違なのか、黄色味を帯びている。色合いがやや異なるのである。文字通り、淡い青緑色でより淡青色といえるのは、上垪3号の高台内無釉碗に見られる。釉溜りは、透明感のある黄緑、淡い緑色である。キャプションなどで説明される淡青色でも、高台内を総釉にしたものと高台内無釉のものには、私には、その淡青色に時代差を感じるのである。私の実見した上垪3号の高台内無釉碗には、見込みに劃花文はなかった。

高台内総釉の金村10号窯の碗（9ページ）は、色見本でいえば、パントーン（PANTONE）社の solid chips coated の7535C〜7536Cに近い。口縁部の釉の薄いところが7535Cで、見込みに近い釉溜まりのところが、7536Cに近い。別の色見本では、DIC（旧大日本インキ化学工業株式会社）のカラーガイド528とほぼ同じである。上垪3号窯の高台内無釉碗（14ページ）は、パントーン社の7535Cに近く、DICでは、537に近い。DIC528は、パントーン社の7536Cとほぼ同じである。

唐代の慶元県黄壇窯のものを色見本で示すと、パントーン社の1245U、1255U、1265Uに近く、福建省浦城県の朱塘瑤窯はさらに、褐色味を帯びている。黄壇窯と呂歩坑窯と朱塘瑤窯は酷似し、上述のような違いは見られるが、金村10号窯と上垪3号窯の淡青釉青磁は見込みに、見込みに7箇所の目跡が残る私の実見できた陶片資料との比較において、まことに酷似しているのである。私の訪ねた温州市正和堂窯址はゴミ捨て場になっていて、石碑も倒れていた。

ここで少し留意しておかなければならないのは、「信号が青になったら」を英訳すると、"When the signal is green"となる。白砂青松といっても、松は緑で、青々としていると言えば、豊かな緑色の田畑を連想する。青と緑は、この場合同義語に使われているのである。（江戸時代、砂糖が庶民になんとか手が届くようになった頃、食べ物の「うまい」

北宋〜元代の福建省九龍（廻場）窯址

は「甘い」と言うことと同義語だったという。それにも、似ている

といえば似ている。）

茶豊郷古墓出土の五管瓶の釉色について

浙江省郵票局と龍泉市郵政局で、1998年10月に記念の切手が発行されている。五管瓶のなかでも良く知られた、もっとも美しい五管瓶の一つである。口径8・2、高台径9・5、高さ（通高）42・0センチメートルで、蓋には、花弁の先を浮かせた覆蓮弁文を重ねてめぐらせて、頂部の荷葉のなかに蕾の形をしたつまみ、鈕（チュウ）をつけている。つまみを修理する前のものなのか、通高39・5センチメートルとの表示もある。池塘のなかに4羽の水鴨が餌をついばんでいる。江南の風景である。最近は少なくなったが、それでも上海から杭州に向かう道路際に現在も水鴨の養殖場が見られる。卵形の胴に真っすぐ立ち上がる、直口をつけ、高台は低く、外反している。輪高台（圏足）で、高台内にも施釉されている。肩に水波文をめぐらし、その上に立てられた五管は、6面に面取りされた荷茎形で、管の端は4つ歯が突起状をなしている。管の間には、雲文が劃花文で描かれている。このような細い線描きを劃花文という。ところで、中国語では文（紋）様のことを「花文」をいう。様のことを中国語は「花的花文」となる。胴部の主文様も覆蓮弁文で、花を表した文様は「花文」（鎬）線の目立つ凸線によって6分割され、各区にも雲文が並べている。その下は双線によって6分割され、各区にも雲文が描かれている。

この五管瓶の釉色は、上垪3号窯よりも金村10号窯の淡

金村窯址石碑より

青釉に近く、私には金村10号窯の時代に感じられる。

草創期龍泉の映像

龍泉の地は、温州より甌江を遡上すること150キロメートル、福州より閩江を遡上すること200キロメートルである。窯址は、浙江省の麗水（市）、松陽、雲和、龍泉（市）、慶元などの各県（市）にまたがり、現在では400箇所以上が確認されている。福建省の浙江省との省界にも唐の時代の窯址がある。南北を洞宮山と仙霞嶺、西を武夷山の山稜に遮られた龍泉地域にとって、文明交流路は甌江の流れであり、そして閩江の流れであった。松陽県水井嶺頭窯や麗水市呂歩坑窯の製品は、竹筏で松陰渓などの支流から龍泉渓に至り、慶元県黄壇窯の製品は、山道を通って龍泉渓まで運ばれたのかもしれないが、閩江の流れを利用すれば福州まで行くことができたはずで、福建省浦城県の朱塘瑶窯や羅源窯は閩江の支流南浦渓を経て、松渓県の山合窯も、閩江に入り福州につながっている。

龍泉渓の源流でもある鳳陽山に登れば、そこには雲海を抜け出した松が岩肌にしっかり根を張り、まるで黄山を思い起こさせる光景がある。豊かな緑と豊かな流れが織りなす龍泉の地では、竹筏が水しぶきをあげて忙しく行き来している。それが私の、龍泉窯濫觴の時期唐代の映像なのである。

宋代の五角穀倉（麗水市処州青瓷博物館）（第2章）この五角の穀倉は、「囷」とよばれる穀物庫のような屋根を持っている。「囷」とよばれる形式の倉は最近まで使われていた。

小口瓶を乗せ、屋根の下に換気口のような穴が見える。5層に牛角形の角が縦に5列あり、角の先端やや下に穴が開いている。圏足（輪高台）。慶元県博物館では、小口瓶の他に、犬の乗っている四管瓶がある。（処州青瓷博物館で、犬の乗っているのは五管瓶）五穀とは、粟・黍・稲・小麦・麻の実あるいは豆など。

唐代の五角瓶（慶元県博物館）（第2章）。処州青瓷博物館のキャプションでは上部の2圏を水波文、肩から下の4圏を波浪文と呼んでいた。平底、内に凹。英訳は、PENTAGON VASEとなる。角は、羊角形とし肩から下の4圏を波浪文、角は、羊角形としていた。平底、内に凹。英訳は、PENTAGON VASEとなる。

牛角のような把手をもつ壺が、弥生時代中期の佐賀県土生遺跡から出土している。似ているといえば似ているが、朝鮮半島特有のもので、ルーツを中国に探すことができない。

第2部5章で、杜甫の詩から、杜甫の時代は龍泉といえば「剣」だったことを書いている。李白の詩のなかにも、「龍泉の剣」がいくつか見られる。例えば、「廣陵の諸公に留別す」のなかでは、「駿馬に跨って、黄金の手綱を引きしぼり、錦帯をしめ、龍泉を腰下に帯びていた」とか、「夜、張五に別る」では、「龍泉の剣を君に贈って、留別の記念となし」とか、「羽林陶将軍を送る」では、「三杯を傾けし後、龍泉の名剣を抜いて、起舞する」などと、ある。しかし、「龍泉の青瓷」は、見当たらない。

写真説明

右上　屏南鎮均益村
左上　天師山（披雲山）の頂上付近より
右　市内

（なお、慶元県黄壇窯の石碑は、1982年9月に呂歩坑窯は、1984年11月に麗水県により文物保護単位として公布され、1999年3月に石碑が立てられている。）

▼ 引用・参考文献

肖名俊など　1959　「松渓県宋代窯址」『文物』第六期文物出版社
亀井明徳　1992　「草創期竜泉窯青磁の映像」『東洋陶磁』No.19　「竜泉窯青磁創焼時期への接近」『貿易陶磁研究』No.12
久保天隨　1928　『李白全詩集』日本図書センター
佐原真　1997　『魏志倭人伝』歴史民族博物館
鶴間和幸　2008　「古代文明における漢という時代」『中国古代のくらし』愛知県陶磁資料館
大阪府立弥生文化博物館　1993　秋季特別展「渡来人登場」の図録
浪文化　1999　春季特別展『弥生人の見た楽浪文化』の図録

3章 明（冥）器の系譜

もともと私は、「龍泉青磁の起源を追って」という課題を抱いて龍泉の古窯址を訪ね始めたわけではない。

2001年（平成13）年8月に浙江省博物館所蔵の北宋時代の龍泉窯の最初の展示は、松陽博物館所蔵の浙江省博物館の北宋時代の、粉を入れるため3つの小皿の入った化粧用の合子だった。蓋の裏面には、長寿、青春、不老を寓意する鶴や亀がのびやかに片切彫りされて、どんな令婦人が使っていたのだろう、などと想像していた。しかし、前月（龍泉市在住の作家盧偉孫さんの案内で）龍泉市を訪ねた折には、金村窯址や、渓口窯址の石碑は1982年7月に、黄壇窯址は1982年9月に立てられ、龍泉青瓷博物館の館内の解説では、黄壇窯は唐代晩期に操業を始めたとなっていて、訪ねた窯址の農家の周りには操業をしていた時代の陶片が家の壁や畑などに散乱していた。それならばと、浙江省博物館で見た合子や、北宋の多管瓶に遡るものを知りたくなったからである。また、會津八一は、学問は、実物をよく観察して「実物を離れずに」と、説いている。

明（冥）器としての系譜

これまでに、北宋の五管瓶を遡る副葬品を8点紹介してきた。慶元県博物館の五代の蟠龍瓶（第2章）や唐代の（竹口鎮収集の）五角瓶（第2章）、重量感のある黒釉五角瓶（11ページ）、多層宝塔式穀倉壷、龍泉青瓷博物館の五角瓶罐、麗水市処州青瓷博物館の宋代の褐釉穀倉（第2章）や五角穀倉（第2章）などである。実用器でない五管瓶などの多管瓶は、常に宋墓から出土する龍泉地区特有のものであり、遡る多角瓶などの明器としての系譜は唐代、五代の龍泉周辺地区の個性なのである。これらが龍泉窯と呼ばれる窯で作られたものなのか、福建省などの周辺の窯で作られたものなのか、私には確認はできていない。しかし、これまで我が国では越州窯の、これらに類似する唐代や五代の数点の明器が語られることはなかったし、龍泉窯の明器の存在が語られることはあっても、これらに、地理的状況と出土状況から考えれば、龍泉周辺地区のどちらかの窯で作られたことは、まず間違いあるまいと思われるのである。唐代や五代の越州窯の多角瓶は、なぜか角が下を向いていて、北宋時代には糧罌瓶が出現してくる。慶元県竹口鎮に潘里墾窯という建盞が作られた窯がある。このような窯の操業が唐代まで遡れば、慶元県博物館の黒釉五角罐などがここでも作られたことが考えられる。実用器ではないので、これらは腹部に通じていない。麗水市処州青瓷博物館の資料で示してみた。葬具として屍骨や骨灰が収められた例が見られるが、五角は五穀を寓意しているように、墓の主人のための穀倉であった。そして、私は穀倉の角を連想してきた。

平成21年の干支は丑で、東京国立博物館の正月の企画展示のなかの「小袖 茶綸子地四季耕作風景模様」の黒い牛五角は五穀を寓意しているように、墓の主人のための穀倉の角は、丑（牛）の角を連想

『慕帰絵詞』巻8第3段の部分
西本願寺蔵 「宗康と和歌を贈答す」より。「櫻を花瓶にたてゝ部屋にをきつゝ」「老木の花はちるとても…萬代の春」などとある。
足利尊氏が天竜寺船を元に派遣した10年後の、1351年の作。

金村窯最下層より出土（龍泉青瓷博物館） 五代

とC-226老緑（ラオリュー）の中間とした。このように各自の色の認識には幅があるが、色見本の品番で論じることができるならばきわめて認識しやすい。ここで使われている梅子青の陶片は裏面だったが、おそらく元代の双魚文が貼付されたものであろう。『中国陶磁通史』によれば、「南宋の時期、龍泉窯はさらにその色調が翡翠に比肩できる梅子青釉を生産した。…釉のガラス化の程度も粉青釉より高いことがわかった。…釉層はやや透明感があり、釉面の光沢もかなり強い。粉青釉よりも厚い釉層」と、ある。

私事で恐縮だが、大学卒業後、日本メーカーのフランスの駐在員をした。その事務所にはデザイナーもいて、商品開発のテーブルの傍らにはいつも、300色のカラーガイドをおいていた。それは20センチメートル×6センチメートルの大きさで、1.5センチメートル×6センチメートルの大きさに切り取れるようになっているもので、それを財布かなにかに入れておいて、必要なときに製品と見比べるのだ。シャンゼリゼ通りには色彩の規制があって、JALの鶴の赤色が使えない。その時に、「鶴の赤はこの色で…」などと、私たちは話していた。

留意しておきたいこと

また、釉色と同じように、劃花文と刻花文にも、研究者間で認識の相違が見られ、龍泉青瓷博物館の常設展示の劃花文碗が金村10号窯址のものと思われるので、私の実見できた劃花文碗（9ページ）を紹介した。英語への訳では、劃花はcarved、刻花はincisedを使っている。しかし、加藤唐九郎編『原色陶器大辞典』などでは、定窯の文様を劃花としている。東京国立博物館の、北宋から南宋時代の12

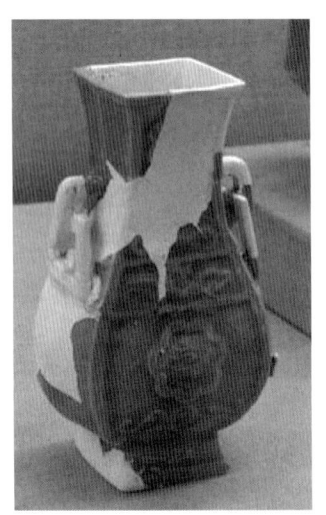

は、唐鋤をひいて田を耕していた。牛耕の図柄は春の訪れ、ひいては五穀豊穣への祈りが込められている。丑は、富の象徴でもあった。訓ではウシと読むが、音ではチュウである。

奈良県橿原考古学研究所附属博物館では、平城京遺跡から出土した延暦6（787）年の告知札木簡が展示されていた。そこには「黒毛牛を捕まえたので飼い主がいたら問所にくるように」と書かれていて、赤外線の照射で、それがよく読み取れた。7世紀代の、飛鳥時代の唐鋤も見つかっている。

利用したい色見本

私の実見できた草創期の淡青色陶片資料について、色見本でその釉色について紹介した。正確に釉色を伝えることができるからである。例えば、DIC（旧大日本インキ化学工業株式会社）の「中国の伝統色」の色見本では、金村10号窯の碗は、C-216の法国梧桐皮色（ファークオウートンピースー）で、口縁部の釉の薄いところが、C-216の鉛灰色（チェンホイスー）となる。上埠3号窯の碗は、C-143の深銀灰（シェンインホイ）と名づけられているものに、極めて近い。龍泉青瓷博物館では、釉色が青白磁ふうのものも、淡青色として紹介している。こちらは、C-242の灰（クーホイ）で、英訳の、文字通りPale greenである。

中国の研究者は、豆青色とか梅子青という言葉でしばしば説明する。ちなみに、龍泉青瓷博物館の釉色の展示説明の豆青色の陶片資料を、私はC-190の冬緑（トンリュー）、梅子青陶片資料をC-186の湖緑（フーリュー）とし、私に同行した中国人の運転手は豆青色をC-186の湖緑とし、梅子青をC-195碧玉石（ピーユーシー

婺州（金華市）鉄店窯址

団花文双耳方瓶
（北京大学サックラー博物館）
大窯楓洞岩窯址出土
口径5.4cm　高台径6cm
高15.2cm　元代

托と杯
（『景徳鎮珠山出土・明初官窯瓷器』より転写）
洪武（1368～98）様式

第1部・青磁の釉色

世紀の「青磁飛鳥唐草文鉢」の花喰い鳥の英訳を、松岡美術館の同類の「魚文鉢」も割花文としている。中国では実測図は左に断面図、右に外側面を描くが、我が国では逆で、これはこれだけの違いにすぎないようだ。

初めて訪れた1997年3月の龍泉青瓷博物館に展示されていた「大窯村窯址分布図」では、呑底の呑口窯址をNo.1窯址とし、呑后窯址をNo.2窯址として、川を挟んでほぼ右回りで、東端の垟呑頭の手前をNo.13窯址として、西端の高際頭の手前まで、50の窯址が示され、高際頭から垟呑頭や垟呑頭には窯址は表示されていなかった。しかし、『龍泉青瓷研究』では、高際頭窯址をNo.1窯址として、垟呑頭の窯址をNo.1窯址として、垟呑頭をNo.44窯址として、こちらもほぼ右回りで52の窯址が異なる番号で示されている。龍泉青瓷博物館の「大窯村窯址分布図」で、No.1の呑底の呑口窯址は、No.32窯址にあたる。

婺州窯では、韓国新安沖の沈船より引揚げられた釣窯酷似したものが出土する金華市鉄店村を（平成15年12月に）、訪ねた。近いうちには、草創期龍泉窯に影響を及ぼしたとされる青磁窯址を訪ねてみたいと思っている。翡翠（かわせみ）

birds としているし、carved花文としている。中国では実測図は左に断面図、右に外側面を描く

芙蓉文稜花盤
（北京大学サックラー博物館）
大窯楓洞岩窯址出土
口径44.4cm　高9cm
高台径24cm　洪武様式

牡丹文稜花盤
（『トプカプ宮殿の至宝展』より転写）
口径43cm　高10.5cm
高台22.5cm
1400年頃

牡丹文香炉（北京大学サックラー博物館）
龍泉大窯楓洞岩窯址出土
口径13.4cm　高台径6.5cm　高7.4cm
元代

水注（北京大学サックラー博物館）
大窯楓洞岩窯址出土
口径8.4cm　高32.3cm　高台径10.8cm
明・永楽（1403～23）様式

水注（『景徳鎮珠山出土・明初官窯瓷器』より転写）
永楽様式

▼引用・参考文献
権奎山　1995「中国陶磁考古の教育と研究」『中国の考古学展』出光美術館
朱伯謙　1981『中国陶磁全集4《越窯》』上海人民美術出版社など
楊冠富　1999『龍泉青瓷五管瓶談』『東方博物』浙江省博物館
劉新園　1996『景徳鎮珠山出土・明初官窯瓷器』鴻禧美術館（台北）
佐々木達夫　2005「龍泉窯跡を訪ねる」『金大考古51』金沢大学文学部考古学研究室
長谷部楽爾　1999-9「竜泉大窯窯址を訪ねて」『目の眼』里文出版
溝口禎次郎ほか　1943『慕帰絵詞・上』雄山閣
東京都美術館など　2007『トプカブ宮殿の至宝展』の図録

がダイビングしている龍泉渓を想い出しながら、大窯址見学では、国家文物局弁公室の許可などお世話いただいた呉秋華館長はじめ関係の方に改めて感謝をしたい。確かに、「遺跡には感動がある」のである。

カメラは、キャノンのIXY digital 500とPowerShot S5 ISなど、フィルムカメラでペンタックスズームレンズ80〜320mmを使った。プログラムモードの設定はなく、すべてオートで撮影した。「中国の伝統色」の色見本は、画材などを売っている新宿の「世界堂」などで購入できる。

4章 李剛著『古瓷発微』

李剛著1999年『古瓷発微』浙江人民美術出版社の訳文を、紹介する。

著者は、古陶磁に対しての自身の研究をいささかの志（微意）と呼んで、『古瓷発微』と名づけている。あまり聞きなれない「発微」という言葉は、我が国江戸時代の数学者関孝和の『発微算法』にも使われ、その序のなかで「文理の拙きを顧みず、その需に応じて、名けて発微算法と曰う」と、語っている。謙虚な、しかし先駆的な偉大な業績と知られているものである。李剛氏は、その著書のなかで「東京国立博物館収蔵の多嘴器（多管瓶とも呼ばれている）は腹部に簡略化した牡丹紋を刻み、荒々しく逞しく、浅い浮き彫りの芸術的効果を現していて、それは浙江黄岩沙埠の越窯に類似するところがある。このように類似する例ははなはだ多く、越窯から龍泉窯に発展する基本的なルートを十分に描き出していて、越窯の製瓷技術とそれを積載した文化は寧紹地区から、台州、温州を経て甌江を遡って龍泉に入った」と、考えられている。

そこで私は訳文に、台州黄岩窯址群の出土品を添えることとする。

「龍泉窯多嘴器について」より

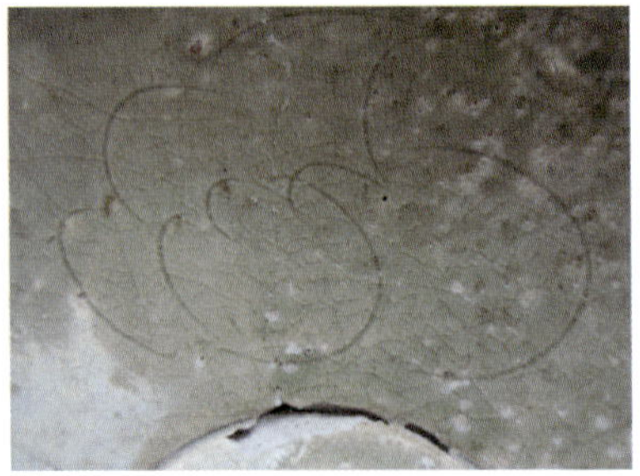

雪渓村にて　口径16.1cm

金家呑堂窯　14.1cm

金家金家呑堂窯　14.5cm

「一滴の水は太陽の光を反射している」つまり、わずかな一滴の水によってさえ、太陽の輝きを知ることとはしばしば語られることである。これはミクロからマクロを見ることができる一つの例である。小さなことでも大きなことを反映できる、あるいは、単一な事柄から多くの物事の異なる側面を窺うことができると説明している。歴史の長い流れに沈殿している人類の知恵や時代の精神を凝縮している文物は、通常このような特性を有している。龍泉窯青瓷における多嘴器は、このような豊富な情報をもつ特殊な文物に属する。その用途や文化的な意味あいは、今日まで専門的に論述されることはなかった。それゆえに、このような瓷器を深く研究することは、龍泉窯の全貌を認識するために大いに益するところがあるのである。

多嘴器の造型についての概説

多嘴器の雛形は五代に出現し、北宋中期前後に定着し、龍泉窯青瓷においてよく知られる品種になった。時間的な推移と産地の相違により、多嘴器は多彩な風貌になった。浙江省慶元県出土の多嘴器は、皿状の口、長い首、深い腹、首と肩の間に4つの縦耳、肩に6つの管状の嘴が並び、その嘴は角が削りだされ、蓋が皿状の口にはめられている。

第1部・青磁の釉色

鳳凰山窯
高台内にも釉がかけられ、輪状の窯道具に置かれ、M字形匣鉢で焼かれている

これらの器形からこの多嘴罐が作られた年代は、およそ北宋前期である。日本の浜松市美術館に収蔵されている多嘴罐は、基本的には前述の多嘴罐に似ているが、異なるところは、肩に並んだ嘴が亀の首のようになっていて、このような多嘴罐は数が多くなく、流行った時間も長くはない。北宋前期の多嘴罐のなかで、よく見られるのは直口、なめらかな肩、深い腹部をもつもので、肩には通常、5つか6つ、削り出された角を持つ管状のものがある。また、嘴が鋸の歯のようなものもある。蓋が多嘴罐の口の外壁にはめられるのも、これらの多嘴罐における著しい特徴である。

北宋中期以降、器体が段々畑のような段差のある多嘴罐が流行し始めた。多くは、3段から5段であるが、10段を超えるものもある。肩に嘴がついているものは、5つのものが最も多い。4つ、6つ、7つの嘴もある。肩と腹部に交錯して嘴をもつものは、その数は10、ないし15である。10の嘴は上下2列で、15のものは3列であるが、各列5つの嘴である。これらの多嘴罐の嘴は角に削り出され、鋸の歯のようなものもあれば、丸い管状のものもあれば、上が大きく下が小さいラッパ状のものもある。蓋は通常、口に嵌められている。

多嘴罐の文化的内包

歴史上、多くの事物がいつも時空の変遷につれて移り変わる。その変化の過程で、あるものは、元の形態やそこに内包している文化を保持しているものがあり、またあるものは、絶えず他の文化的な要素を溶け込ませて、独特な風格を有する新しい事物に生まれ変わる。多嘴罐はそのような時空の変遷によって、次第に形成された器物であてのみ、その内包する文化を把握することができるのである。

これまでの研究によれば、龍泉窯は越窯の製磁の伝統を継承し発展してきたものである。龍泉窯と越窯は同一文化圏にある。このことは、しばしば技術の伝播は文化の移動を意味している。唐代に

する寧紹地区では「多角」は「多穀」を寓意し、農業繁栄の祈祷である。多角器は唐、五代の婺州窯の製品にも一定の割合を占めている。金衢地区でも、「角」と「穀」とは同音か近似音であるため、多角器の一部に根本的な変化が起こり始めた。五代になると、温州西山で出土した五代の褐釉器の器体は5段に分けられていて、各段に先端に小さな口のついた角状の嘴が5つある。これは明らかに、多角器から器体が数段に分かれる多嘴罐に転換する中間のタイプである。そして、五代以降、浙江地区では、多嘴罐が多角器に取って代わった。

器の、このように器内に通じていない実用的な機能が存在しない嘴を装飾するのは、いったいどういう意味を有するのか、依然として困惑する問題である。龍泉地区から出土した五嘴罐の蓋の内側に墨で書かれた「五穀倉」から、五嘴は五穀豊穣の象徴であると推測する人がいた。しかし、この説は四嘴、六嘴、七嘴、多嘴に至るまでの意味を解釈することができない。まして、気の向くままに葬儀用具を命名することは、古代にはよくあることである。例えば、福建省邵武出土の南宋時期の罐の一つには、腹部に「穀倉酒庫」と称している。江西省で宋元時期に流行っていた道教の色彩が濃厚な瓶には、「東倉」、「西庫」などが刻んであある。やはり、多嘴罐が内包している文化を究明するのには、視線を越窯に向けるべきのようだ。

鳳凰山窯

は越窯の製品のなかに、食糧を盛る副葬品の罐と同じ用途で造型が奇抜な多角器が現れた。このような器物の多くは青釉を施し、蓋が付き、数段に分かれて、各段に数不均一の角がある。蓋の一つは、器体が3段に分かれ、各段に4つの太くて短い角があり、角の先端が下に曲がっている。晩唐以後は、多角器の角の先端は上向きになっている。

方言は古文化の活きた化石に例えられるので、その助けを借りて、古代の読み方で意味する文化現象を解釈してみよう。越窯が分布

では、4人の男の子が各自、蓮の葉、蓮の花、蓮の花托などを持ち上げていて、その意味も「連生貴子」である。それ以外に、器体に級(段々畑のような段差)があるのも特別の意味があり、「級」と「吉」は同音なので、「多級」は「多吉」であり、その時代は「多」と「吉」、「大」は共通音だったので、「多吉」は「大吉」にもなる。器体に級がある多嘴器に蓮弁紋を刻し、割するのは、「連升三級」、「連升五級」、つまり、連続して3ないし5階級を登ることを意味で、それらは、五嘴灯と同様の造型と装飾の芸術的な言語で、子孫が高官になってほしいという希望を表現しているのである。

ここで指摘しておきたいのは、越窯五嘴灯の口の先が鋸歯形に削られたり蓮の蕾の形や、あるいは先が鋸の歯のように作られた管もあり、底近くには三角形の吸油口があり、外面には蓮弁紋が飾られることが多い。実は、このような灯器の管と多嘴器の嘴とは同源である。そのため、このような灯器は五嘴灯と呼ばれるべきである。慈渓と上虞の方言では、「嘴」の発音と「子」は全く同じである。すなわち、「五嘴」は「五子」の象徴となるのである。

文献によれば、五代の窶禹鈞には5人の息子がいた。5人は相前後して後晋、後漢、後周時に科挙の最終合格者になり、「五子登科」と呼ばれていた。明らかに、五嘴灯はそ人は「五子登科」を意味している。このような灯器は、南宋龍泉窯でも依然として焼製していて、その器体は浅い皿状になり、嘴も平たくなっている。このように越窯は龍泉窯に深遠な影響を反映している。そしてこれまでに、多嘴器の基本的な寓意は十分に明らかになった。すなわち、五嘴は「五子登科」を意味し、他には「多子」、「多子多福」は古人の普遍的な願望であり、前述の2件の年代の確定している磁器の銘文がはっきり表明している。

多嘴器が内包している文化の核心はこの主題に補完しあうずである。それに付け加えた紋飾も必然的にこの主題に補完しあうずである。亀は長寿の象徴なので、多嘴器の嘴を亀の頭にするのは子孫の長寿を望んでいるのであり、牡丹は富貴の象徴なので、多嘴器に牡丹紋を刻し、割するのは、富貴を望んでいるのである。多嘴器にとぐろを巻いている龍の装飾は、「望子成龍」、つまり、わが子が世に出ることを望んでいる。蓮花は仏教芸術に常用される題材であり、それは凡俗を超越することを象徴しているが、なかでも、多嘴器に装飾されたものはその読み方を借用して、なかでも「連生貴子」、つまり連続して子が生まれるという意味で、よく見られる。大阪市立東洋陶磁美術館収蔵の北宋耀州窯印花碗の図案

沙埠(笠家嶺)窯 ジグザグ状の文様がここでは平行している

沙埠窯

と海外貿易は経済全体に占める比重が日に日に増大していった。五代以降、浙江の経済発展はいっそう急激だった。製磁業と海外貿易の規模はますます拡大していったのである。

唐代における「安史の乱」の後、中原の経済は深刻な破壊を被り、全国の経済の中心は南方に移動し始めた。これが浙江の経済発展に非常に有利だった。五代になると、呉越国は立国の礎を豊富なる食糧に努めるとともに、国家財政の収入増加のために各種経済の繁栄を望んでいた。そのため経済活動に大きな変化が起こった。なかでも、製磁業と海外貿易は経済全体に占める比重が日に日に増大していった。五代以降、浙江の経済発展はいっそう急激だった。食糧生産と製磁業の持続的な発展のほかに、海外貿易の規模はますます拡大していったのである。

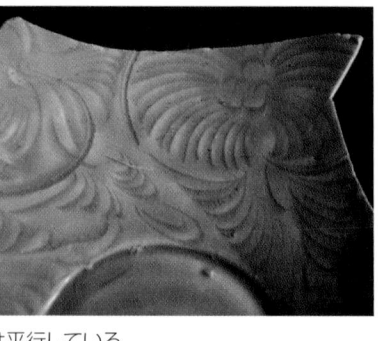

多嘴器が流行りはじめる前の北宋初期に、越窯の製品のなかで造型が特殊な灯器が現れた。このような灯器の残欠は、慈渓上林湖畔と上虞窯寺前窯址で発見されている。その外形は碗に似て、器のなかには通常5つの、菱形に削られた蓮の蕾の形や、あるいは先が鋸歯のようなものは、五代において多角器の、多穀の表現がこのような新しい器(多嘴器)に反映して輝いていることである。北宋中晩期、一部の多嘴器にはまだこの形態を残していたが、それ以降になると、多嘴器の口は大体平らになった。このことは、浙江では代々伝わった「多穀」の観念が宋代になると「多子」の観念に取って代わった(訳者による太字)ことを表明している。これは偶然な現象ではない。浙江は古来より水産物や米の豊かな土地であり、杭州湾の両岸と沿海はとくに豊穣だった。五代以前から、手工業など一部ではなんとか揺れ動いたが、食糧生産はいつも主導的な地位を占め、他の産業の礎に定していた。五代以前から、この一帯の経済構造はずっと安定していた。五代以前から、穀物が豊かに実るのは豊かさの象徴だった。このため、「多穀」は人々の望みだったのである。

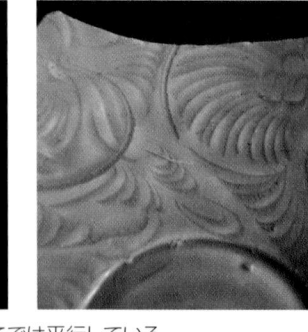

第1部・青磁の釉色

北宋時代になると、輸出入の貿易管理を強化するために、朝廷は杭州、明州（寧波）、温州に市舶司を設置した。この他に、茶の収入はかなりのものになり、浙江境内の多くの丘陵や山地も茶園に切り開かれ、茶葉の生産はとても重要な経済部門になった。同時に、その他の生産も日に日に隆盛になった。新しい経済構造は、人々に豊かな生計の道を提供したのである。

庶民、農民にとって、「多子」ならば「多福」になれる。つまり、辛苦なる労働をともなう食糧生産は天災を伴い、宋代になると、農業における「多穀」は人々の普遍的な願望ではなくなった。「多穀」をもとめるよりも、「多くのわが子」が、農業以外の産業で働く方が「多福」になれる。自給自足の閉鎖的な農業経済の伝統的な「多穀」観念は、こうして急速な宋代の経済の波に飲み込まれて行った。多角器が多嘴器に変遷したのは、まさに当時の激動する社会、すなわち、経済構造の革新によってもたらされたものであり、これらが引き起こした観念の革新の必然的な結果だったのである。

余論

造型、装飾された紋様、そして文字の読み方によってその意味を表現している多嘴器は、中国の歴史上、社会環境の特別な産物である。その分布はより強い地域性を有している。言い換えれば、「嘴」と「子」が同音か近似音の地域でのみ、この種の磁器は出土例は多く、その年代は比較的早く、浙江の他の地域（浙江平原のような）では、発見はされたが数量が少ない。北宋多嘴器は海外での収蔵が多く、以前はしばしば越窯の産品と思われた。それはそれらの胎と釉の特徴と装飾、風格が越窯のものと似ていることによっている。

東京国立博物館収蔵の多嘴器は腹部に簡略化した牡丹紋を刻み、荒々しく逞しく、浅い浮き彫りの芸術的効果を現していて、それは浙江黄岩沙埠の越窯に似ているところがある。このように類似する例ははなはだ多く、越窯から龍泉窯に発展する基本的なルートを十分に描き出していて、越窯の製瓷技術とそれを積載した文化は寧紹地区から、台州、温州を経て、甌江を遡って龍泉に入った（冒頭に引用した著者の言葉がここに入る）。このルートで発見された著名な北宋窯には臨海の許市窯、黄岩の沙埠窯、温州の西山窯などがあり、これらの窯は寧紹地区の越窯の伝統を継承し、器型においては新たに創り出されたところがある。なかでも、温州一帯の北宋窯は越窯と龍泉窯を繋ぐ中枢であるために、注意を喚起すべきである。多嘴器に存在する難点は、国内外に収蔵されたいくつかの北宋多嘴器は、その造型、装飾、釉色が龍泉や慶元地区などで出土した多嘴器とは異なる。

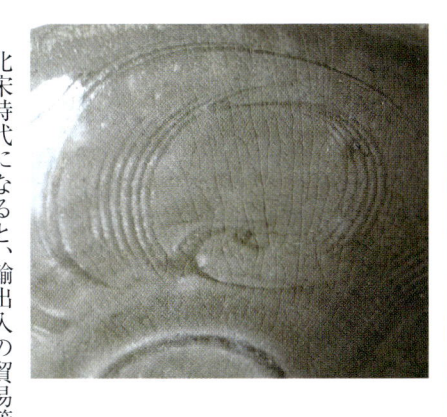

鳳凰山窯

北宋越窯にまったく合致している。東京富士美術館収蔵の多嘴器は浮き彫りの蓮弁が刻まれ、高台は外開き形であり、この製作技術は北宋越窯にまったく合致している。

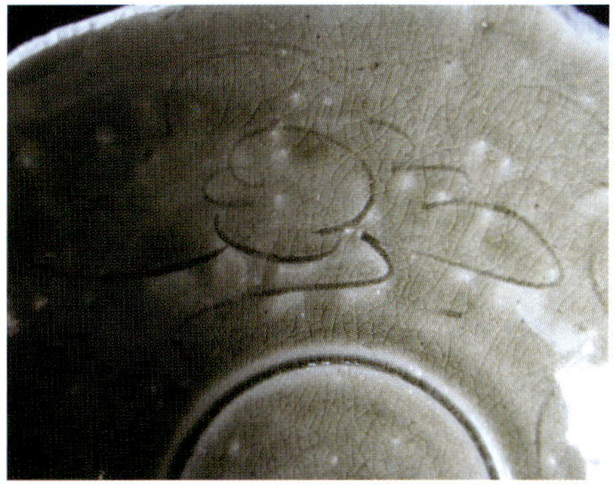

はその嘴が器内と通じ合っていることである。これにはその実用的な機能を有していることを説明している。しかしそれが灯火具なのか、花を挿すためのものなのか更なる研究を待たねばならない。四川遂寧の南宋穴蔵からも、この種の器物が出土していることから考えると、それはすでに広い範囲で使われていて、故郷を離れて異郷で流行すると同時に、その「多子」の含意が淡くなり、そして消滅したことを意味している。（後略）

（留まることのない長い歴史の流れは、いつも情け容赦なく昔日の文明を守っている堤防を押し流し、その文明の持っていた光彩を暗く、あるいは欠けたものにしてしまう。しかし、歴史の流れに沈殿したそれぞれの文明の遺物は、いつもその容姿を保ちながら、後の人々にかつての文明の歴史を理解するための必須の資料を提供している。多嘴器のような小さな部分の遺物は、レーザーのホログラフィーの写真のように、物事の全貌を再現できる情報を記録している。そして、古の弦楽器の弦から響き渡る音色のように、多嘴器は当時の人々の未来に憧れる声を、いつまでも現在の私達の心に響かせている。）

▶参考文献
金祖明　1958　浙江黄岩古代青瓷窯址調査記『考古通訊』
水上和則　1994　浙江省台州地区黄岩窯窯址出土品について『賞易陶磁研究№14』

地域文化は強く保守的であるが、閉鎖的であるということではない。それ自身が発展していると同時に、いつも近隣の戸口を叩いていて、時には伝統儀礼に親和力があるために受け入れ、時には双方の文化が融合しにくいために拒絶される。浙江省に隣接している福建省では、多嘴器が一度流行したことがある。鋭い頂をもつ蓋、嘴を盛り上げた牛の角のようなものもあれば、管のようなものもあった。これらは晩唐五代から始まり、宋代に最も多く、元代から徐々に消えて行った。福建省の多くの方言では、「多角」は「多穀」を象徴した。福建省松溪出土の北宋青瓷灯は、その造型が越窯五嘴灯に似ている。異なるところは周囲4つが平らな口になっていて、外面の装飾は直線紋にしている。福建で産出された多角器、多嘴器と五嘴灯を浙江の類似のものと比較すると、時代的には明らかに遅く、造型と装飾は元の意味からそれている。

この他に、宋代白瓷のなかで極めて数が少ない多嘴器が見られる。上海博物館収蔵の白瓷多嘴器は、器口を蓮弁で飾り、肩に6つ、平らな管状の嘴があり、面白いことに、この白瓷多嘴器の嘴は、器内に通じている。このことから、多嘴器本来の文化的意味がなくなって、実用器の文化が残っていないことが見て取れる。すなわち、浙江省で盛行した造型、紋飾そして文字の読み方で表す文化は、異郷では強いものもやがては衰え果てるように、弩の末になっている。

多嘴器が消滅していく過程で、龍泉窯では新型の多嘴器が創出された。これは均一に青瓷釉が厚く施され、小さな口、細い首を持ち、器の高さは低めで太めで、腹部には張り出した蓮弁紋が飾られ、それまでのものとの根本的な相違

なるため、それらの多嘴器が龍泉窯の製品なのか、甌江下流域のものなのか、今現在は確かな判断ができないのである。将来、科学的な測定による磁器に含まれる微量元素のデータベースによって、最終的にこれらの多嘴器の産地を確かめるしかない。

方言のなかで、関連している文字の読み方を比較することは、多嘴器の来歴の探求には重要な価値がある。寧紹地区の方言では、「嘴」と「子」の発音は同じで、温州の方言でも、「嘴」と「子」の発音は近似音である。このことは、北宋龍泉窯の職人が寧紹地区や温州一帯からやってきた傍証である。これらの職人たちは、製磁技術の伝播者のみでなく、「多子」観念のキャリヤー（訳者による太字）でもあり、僻地で住人が少ない新興の製磁業の地では「多子」がとくに望まれ、多嘴器が大量に求められたことは道理にかなうことでなのである。（後略）

寿州の碗
「越窯は青くして茶の色緑なり。寿州の瓷は黄にして、茶の色紫なり」（『茶径』）

5章 権奎山『試論南方古代名窯中心区域の移動』1

権奎山1997年「試論南方古代名窯中心区域の移動」(『考古学集刊』第11集中国大百科全書出版社)を検証するために、2009年12月、江西省の洪州窯址と吉安市の吉州窯址を訪ねた。この論文の要旨を、私が踏査することができた洪州窯のいくつかの窯址で、考えてみたい。龍泉窯の起源と龍泉窯中心区域の移動を知るためにも資するからである。豊城市博物館や曲江鎮外宋村の管福龍さんに案内していただいた。

洪州窯は唐代の青磁名窯の1つであり、唐代陸羽が著した『茶経』に初めて記録され、70年代末にその窯址の中心的な地は、江西省豊城市曲江鎮羅湖村と確定されている。その他の洪州窯址も、贛江あるいは贛江と通じている清豊山渓や薬湖畔の山並と丘陵地帯に位置している。贛江のカンとは、吉安市の上流で章水と貢水の2つが合流した川の名で、漢字でも「章」と「貢」の上に「久」を書いて、合わせた複雑な字となっている。最も南の河洲郷羅坊窯址から最も北の同田郷麦園窯址までの距離は約20キロメートルで、一番広いのは羅湖窯址群で約1キロメートルある。これら31か所の窯址のなかには少し離れているものもあるが、数年来の考古学調査、発掘により得た資料と文献記録を分析すると、それらは確実に当時の洪州窯の構成部分であることが確定している。

離れている地であっても、地理的には贛江を紐帯にして基本的に一体として結ばれていて、製品とその技術において同時期の特徴は同じで、異なった時期には明らかな継承、発展、進化の関係を持っているからである。そして、行政上の従属関係でみな豊城県(市)内にある。豊城県は唐代に洪州の管轄に属し、唐代には州の名で名窯を命名する慣例に、これは合致している。

港塘村が最も早く、遅くても後漢末期、窯址から出土した遺物は後漢末期から西晋のものだった。鈔塘村の窯址から出土したものは東晋南朝時期に属し、羅湖村の窯址から出土した遺物はその時期からのものもあるが、隋から中唐時期には中心的な地だった。羅湖村の遺物は唐朝末期からのもので、盛んな時期は五代時代に違いなく、洪州窯は後漢の末期には始まり東晋南朝の時代に次第に隆盛期に入り、それは中唐まで続き、唐朝末期から五代の時期に衰退し、800年余り生産し続けていた。次ページの図から、繁栄期が大体同じ場所に集中していて、あるいは繁栄期が同じ窯は比較的近く、一面に繋がっていることを見抜くことができる。各窯場が繁栄した

曲江鎮羅湖村寺前山窯址を望む。
外宋村55の管福龍さん宅より

塑像(中唐~晩唐) 人面の幅2.5cm

陳家山窯址(東漢晩期~西晋)の波打ち際にあった小碗 口径7.9cm

小碗(隋) 豊城市博物館にて

羅湖村の農民が持っていた水盂
(中唐~晩唐) 最大径4.9cm

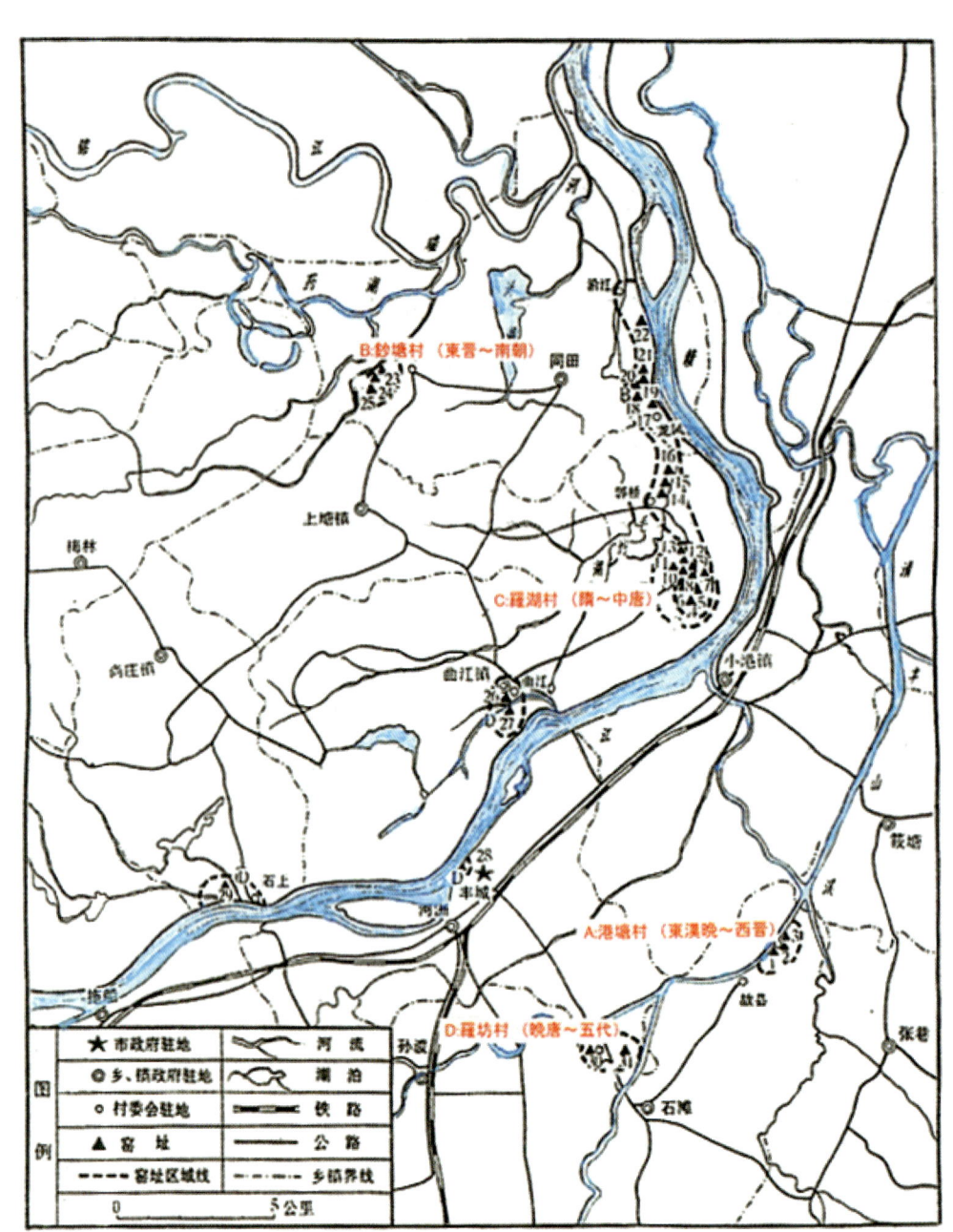

時期をA、B、C、D群に括り、順に配列すると、洪州窯の各時期の中心地域とその移転の情況がはっきりする。

洪州窯、吉州窯、寿州窯、景徳鎮窯など4基の南方名窯の資料と越窯、刑窯など名窯資料に対する分析は、中心地域の移動が客観的な事実だったことを十分に説明できるのである。なぜ、港塘村が洪州窯の創業の地だったのか、残念ながらこの点については触れられていない。論文での港塘村清豊河か新村窯址が陳家山窯址に、鈔塘村蛇頭山か蛇尾山窯址が、石碑では蛇脳山窯址となっていた。

権奎山「試論南方古代名窯中心区域の移動」より転載

6章 権奎山『試論南方古代名窯中心区域の移動』2

引き続き、その移動の原因について述べられた後段を翻訳し、考えてみたい。

南方の古代名窯ひいては全国の古代名窯といくつかの他の窯址の中心区域は、なにゆえに移動しているのか？ すなわち移動の原因は何だったのだろうか？ ここでは洪州窯を例にしてこの問題を探求してみよう。

石灘郷港塘村は現在知られている洪州窯で最も早く、成熟した磁器を焼成した場所で、南朝の梁から隋時代の豊城県の管轄地域である現在の故県村東北約1.5キロメートルのところにある。窯場は清豊山渓東岸に位置する。清豊山渓は贛江の東にあり、贛江よりずっと小さな河川で、港塘村はほぼ贛江と平行していて、贛江の支流から贛江と通じている。1983年に発見された沈船から引揚げられた後漢末期の20数件の磁器の造形、胎、釉、紋飾と製作技術は港塘窯址から出土した同類同時期のものと同じなので、必ずやそこで作られたに違いない。ここで生産された磁器は主として贛江を通じて各地に売られたことを意味している。清豊山渓から贛江支流に入って、更に贛江に入る。窯場から贛江までの道は比較的遠く、運送は便利とはいえない。そのほかにも、港塘一帯の地形は比較的にゆるやかで、農業生産に適し、大規模な龍窯を建造するのに適してはいない。

西晋以降はまさに洪州窯の大幅に発展した時期で、この地の交通運輸と地理環境は明らかにその迅速な発展に適応しないために、東晋南朝時期には生産拠点は次第に西へ移動し、贛江西岸の沿江村、龍鳳村、郭橋村、羅湖村の一部地域などに移動した（訳者注 私の訪ねた鈔塘村は更に西にある）。これらの地は交通が便利で、丘陵は起伏し、以前のような生産を妨げる不利な要因を克服できた。しかし、沿江村の麦園から郭橋村の羅湖水門一帯では、丘は比較的に高く、およそ海抜50メートルぐらいで、しかも川に面した窯炉を建造できる面は、傾斜度が比較的急で険しく、利用できる地域は有限である。また坂の上の部分、山頂あるいは川に背を向ける方面では窯炉を建造することはあり得ない。もしそのようにしたら、窯場を切り開くことには困難をもたらすだけではなく、生産用水などに極めて大きいな不便をもたらし、労力がかかる。この問題は大体南朝の後期から露呈し始めた。龍鳳村の西北に位置する鈔塘村の蛇頭山、蛇尾山、交椅山の窯址から出土した器物は主に南朝後期の遺物であるため、南朝後期には鈔塘村薬湖一帯に発展することを企図していたのかもしれない。この地形は比較的な龍窯を建造し、窯場を切り開くことに適する。しかし交通運輸上では港塘村と同じように、甚だしきに至ってはいっそう厳しい問題に出会うだろう。そこの製品を輸出するのに、まず面積の大きい薬湖を通じて、錦江あるいは瑞河に入り、そこから贛江に入って、各地に赴く。おそらくこれが原因で、隋以降にここの窯場が衰退していった。鈔塘一帯は開拓されることなく、また贛江から羅湖水門一帯の発展は地理的条件に制限されるため、隋から中唐時期には窯場はおおよそ羅湖村に集中した。

ここは贛江のすぐ側にあって、丘陵の起伏も大きくなく、傾斜度も比較的緩く、その斜面が比較的に長いため、龍窯を建設し、窯場とすることに適していた。象山、獅子山、寺前山、外宋、南坪、管家の東晋南朝に栄えていた（これらの羅湖村の）窯場は絶えることなく焼成し続け、沿江あるいは沿江叉で対門山、上坊、尚山、烏亀山の4つの新しい窯場が切り開かれたため、重点を羅湖村に移転し、洪州窯の生産を高潮に推し進めた。しかし中唐以後になると龍窯と羅湖村一帯の窯場は急激に衰退した。これは一方では平らな土地仕事場を建設するために適する斜面と比較的に平らな土

晩唐～五代の窯址のある羅坊村

はすでに使われて、廃物と破損した窯具などが多量に堆積したためかもしれない。私達が羅湖窯址を調査した時に、この一帯で江叉或いは江に面する丘陵と山の斜面の中央部以下はみな厚く堆積していて、あるところはすでに山の斜面で1基およそ中央部以上に及んでいた。1979年、寺前山窯址で1基およそ中唐時期の龍窯窯跡を小高い丘が起伏する所に確認した。もし他に良い場所があるならば、こんな不便なところに建設されなかったはずである。一方では、窯場の所在地が良好であったとしても、比較の得やすい原料に不足が生じたのかもしれない。現在羅湖一帯で地表に露出している鉄分含有量の比較的高い磁器はとても珍しい。村民がレンガを焼成するために低く掘った穴では、鉄分含有量が低い磁土は通常地表から2メートルぐらい下に見られる。出土した磁器からもこの問題を見抜くことができる。羅湖窯址で採集或いは発掘した中唐時期に属するものは、胎釉の鉄分含有量はみな比較的高く、胎は鉄灰色を呈し、釉は黄褐色を呈し、色合いよりみな濃く、品質も比較的悪い。地理環境と原料を克服できない困難が現れた時、当時の生産レベルの情況では、窯場を転換するのは最上の策だと言わざるを得ない。おそらく上述の2つの原因が、羅湖の各窯場を没落させ、その中心区域を移転へと追い込ませた。「地理的環境」を、河川を利用する際には便利か、近くで原料が得られるか、龍窯を建造する上での地形はどうかなどで、燃料となった木材には触れてはいない)。

晩唐五代時期に窯場の中心は南へ曲江村、豊城市街区、石上村、羅坊村に移った。明らかにこの4つの場所がみな製磁の条件を備えていたからである。近年この4つの場所で採集あるいは出土した磁器の標本は、胎が灰色か濃いめの灰色を呈しているため、鉄分の含有量は明らかに羅湖村の中唐時期の磁器より低い。とても趣があり、この4つの場所の1つは唐豊城県の管轄区域の所在地にあり、他の3つはその北、西、南に分布していて、県の管轄区域の所在地までみな約6キロメートルくらいにあり、贛江の水路あ

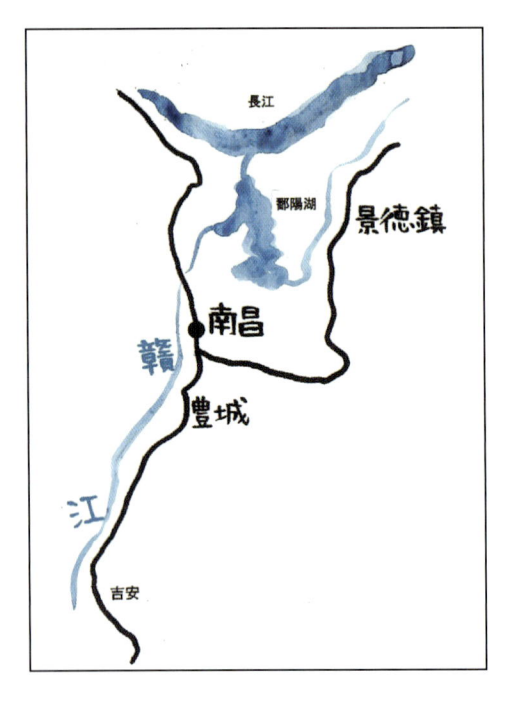

るいは陸路により県と通じている。
　色彩について、訳者注 中唐以後になると、羅湖村一帯の窯場では原料不足から、鉄分含有量が高く、胎は鉄灰色、釉は黄褐色を呈し、羅湖村五代のものより低いと、語る。鉄分含有量が高い鉄灰色と鉄分含有量がより低い灰色か濃い灰色とは、どのような色彩の相違を指摘されているのであろう。言葉で伝えることは、大変困難である。このことからも、私は、色見本の使用を提案している。
　唐開元の制度によって、州、県の管轄区域の所在地には市があって、市は市令、丞などの官吏が集中するところの取引、治安などを管轄し、唐大中5年(西紀851年)8月には、中県で戸数が三千以上の場合、市令を一人、史を二人置き、戸数が三千未満の場合は、官を設置しないと規定している。豊城県は上県で、市を設ける範囲内に、市内の取引と商税を徴収することなどを管轄する官吏を置くことができる。同時に指摘すべきなのは、曲江村、石上村の窯場遺跡の所在地は、唐豊城県の管轄区域の所在地まで比較的近いだけではなく、北宋の時にはすでに曲江鎮と赤江鎮をそれぞれ設けた。宋代に鎮を設ける規準は、戸数によっては納税にならないが、納税があるところは鎮であった。このことから、曲江村と石上村の少なくとも2箇所は晩唐五代時期には人口が密集しているところさらに草市がある可能性を推測できる。草市は交通が便利な、商業上の需要から自然に形成された取引の場所である。長江と淮河流域の草市はみな水際に近く、豊かな人々は大体そこに住んでいた。(中略)

　以上、洪州窯などの南方古代名窯の中心区域の移動の原因に対する分析は、交通運輸、地理環境、原料、労働力の供給源、製品の販売などと直接関係があることを明らかにしてきた。手元の資料によると、後漢末期三国両晋南北朝の時期から成熟した磁器を焼成し始めた窯は、初期には窯業をする場所でも生産を始めて、原料が豊かで採掘しやすい地区へ、地理的条件が優越していて、一段階すると交通する上での条件に注意が払われた。唐朝末期五代になると窯場を建設する時にはこれらの条件に近寄っていた。この時期に建設した多くの窯場に注意が払われ、都市と鎮に近寄っていた。この時期に建設した多くの窯場のある草市は宋代のはずれの窯場は衰退し、あるいは廃止され、次第に鎮に集中した。明清時期になるとほぼ鎮内に集中した。
　それ以外に指摘すべきなのは、後漢末期から南北朝時代に成熟している磁器を焼成し、唐朝末期五代北宋時期に衰退あるいは廃止した窯場は、移動する幅は比較的大きく、

鎮を中心として窯業の建設地を考慮するためである。

占有面積も広い。唐朝末期五代に創業し、元明時代に衰退あるいは廃止した窯場は、移動する範囲はより小さく、占有面積も小さく、廃物の堆積が大きく丘状を呈している。前者の移動幅が大きいのは、この時期の生産レベルがまだ高度でなく、窯場を建設する時に考慮する範囲が自然条件に起因するためなのであろう。後者が移動する範囲が小さいのは、次の原因だからなのかもしれない。一つには、この時期に生産レベルが高まって、人類の自然を征服する能力が強まって、必ずしも窯場近くの原料を採掘しなくても良いこと、さらには原料の枯渇を危惧して大幅に窯場を転換する必要はない。第二は、この時期の名窯は鎮内あるいはその近くにあれば、磁器を焼成するための労働力が密集していて、商品市場は活発であって、窯業の生産と製品の販売に便利である。第三には、鎮内で税金を徴収する監鎮官が設置され、以前のように大幅な異動をする必要もなく、

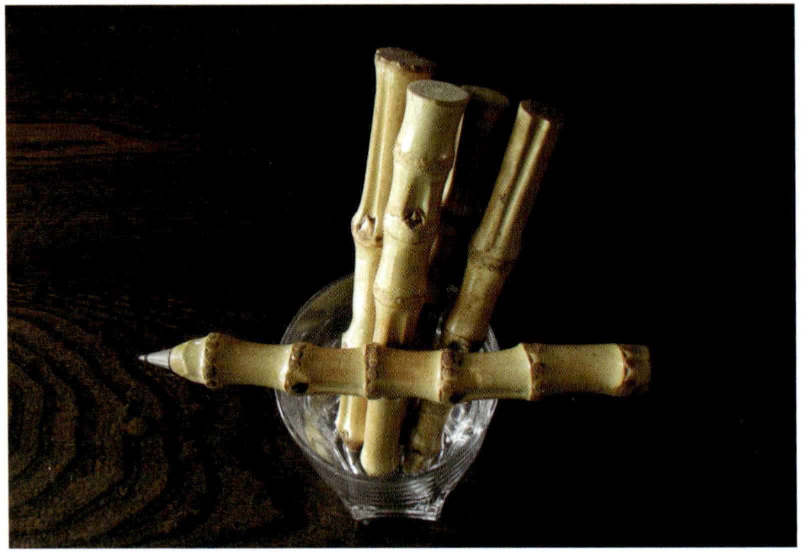

第 II 部

フィールドワークと胎土分析

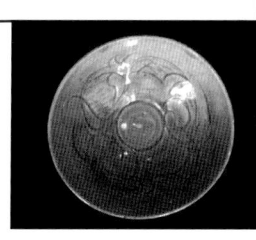

1章 原始青磁の鍾

光武帝が都を西安から東の洛陽に移したので東漢とも呼ばれている後漢時代の初めに、青磁（瓷）が誕生した。この成熟した青磁に対して、その前の段階である青磁は原始青磁と呼ばれている。写真のような酒器を「鍾（しょう）」という。青磁の出土例が江蘇省甘泉2号墓の短頸四耳壺で、永平10（西暦67）年頃と推定されている。すなわち、「鍾」と呼ばれているこれらの原始磁器が作られ使われていた頃か、その少し前に、「成熟した青磁器」が誕生しているのである。

この原始青磁は、浙江省上虞市出土の永初3（109）年銘に酷似している。現在知られている最も時代の遡る青磁の出土例が江蘇省甘泉2号墓の短頸四耳壺で、永平10（西暦67）年頃と推定されている。すなわち、「鍾」と呼ばれているこれらの原始磁器が作られ使われていた頃か、その少し前に、「成熟した青磁器」が誕生しているのである。

中国では、「成熟した青磁」を mature celadon と訳している。

青銅器を写したものであり、元和4（西暦87）年銘の、高台が高く腹部がやや扁平している青銅器も出土している。

大きい方	永初3（109）年銘	小さい方
口径；150mm	口径；152mm	口径；119mm
腹部径；267mm	腹部径；255mm	腹部径；231mm
高さ；336mm	高さ；340mm	高さ；282mm
重量；3901.5 g	重量；2312.5g	
底（圈足）径；170mm	底（圈足）径；170mm	
口沿幅；8 mm	口沿幅；6 mm	
高台幅；11mm	高台幅；9 mm	

初現期の青磁に見られる小仙壇窯址出土の「麻布紋」。自然釉より緑味と明るさを増し、色見本C-225敢覽灰と色見本C-233暗苔緑と名づけられているものの中間色に近い。

▼参考文献
文物1981-11、1983-6

淡い褐色といえばいえなくもない。櫛目による波状文を跨ぐ耳飾りの周辺は、色見本でいえば、C-106の浅い駱駝色で浅駱駝色と名づけられている。肩にかかる自然釉は、色見本C-228の燻茶色と名づけられているが、暗緑色ともいえる。

蛍光X線による化学分析
佐賀県窯業技術センターによる試験報告書
中国浙江省龍泉市金村窯出土遺物における胎土について

この試験の目的は、同じ胎土で作られたものかどうか、ということだった。窯址の農民から借り受けた状況からは、この窯址からの出土遺物であることが確実だと思われるのだが、私たちは、中国古窯址で発掘調査はできないので、同じ胎土であることが証明できれば、その資料によって、創業の時期を立証する手立てにするためなのである。№ 3は、その窯址のものであることは中国側の調査報告書からも、明らかだからである。

No.1は9ページ左上の写真
No.2は22ページの写真
No.3は9ページ中上の写真
No.4は本扉下の写真
No.5は15ページ中下の写真

分析項目	強熱減量 (LOI)	二酸化ケイ素 (SiO_2)	酸化アルミニウム (Al_2O_3)	酸化第二鉄 (Fe_2O_3)	二酸化チタン (TiO_2)	酸化カルシウム (CaO)	酸化マグネシウム (MgO)	酸化ナトリウム (Na_2O)	酸化カリウム (K_2O)	重量割合 (mass%)
No.1（五代・淡青釉小碗）	0.07	76.65	17.36	1.47	0.45	0.31	0.22	0.07	3.06	合計 99.66
No.2（五代・淡青釉中碗）	0.10	77.66	17.01	0.89	0.43	0.17	0.21	0.09	3.11	合計 99.67
No.3（五代・淡青釉劃花文）	0.07	77.50	16.73	1.42	0.49	0.48	0.26	0.07	2.56	合計 99.58
No.4（北宋・刻花文唐子）	0.11	74.87	17.71	2.18	0.34	0.07	0.24	0.16	3.96	合計 99.64
No.5（北宋・ジグザグ文）	0.30	75.78	18.16	1.45	0.38	0.12	0.20	0.09	3.26	合計 99.74
NSL-1（南宋早期金村）『龍泉青瓷研究』1989 より		74.23	18.68	2.27	0.42	0.54	0.59	0.48	2.77	合計 100 ほかに、0.02 MnO

私はこれまでに、福建省同安汀渓窯と金村窯の製品の違いは、見た目は酷似していても、二酸化チタンの定量分析で見分けることができることを指摘した（2章を参照）。どのような元素が含まれているかという定性分析では、微量ながら同安汀渓窯には鉛（Pb）が検出された。試験（2004年）は、その時のものである。

また上虞市小仙壇窯址の原始青磁と成熟した青磁は、同一の胎土であり、焼成方法の違いであり、技術的には延長線上にあることを述べた。以下がその数値である。

No．7の原始青磁の酸化第二鉄の数値がやや高めだが、原始青磁と成熟した青磁が、同一の原料と考えた方が妥当である。

分析項目	強熱減量(LOI)	二酸化ケイ素（SiO₂）	酸化アルミニウム（Al₂O₃）	酸化第二鉄（Fe₂O₃）	二酸化チタン（TiO₂）	酸化カルシウム（CaO）	酸化マグネシウム（MgO）	酸化ナトリウム（Na₂O）	酸化カリウム（K₂O）	重量割合(mass%)
No.6（原始青磁の耳の部分）	0.87	76.33	16.25	1.78	0.82	0.26	0.50	0.41	2.56	合計99.78
No.7（原始青磁）	0.54	74.64	17.03	2.72	0.74	0.28	0.57	0.40	2.72	合計99.64
No.8（成熟した青磁）	0.09	76.36	16.66	1.98	0.85	0.21	0.51	0.45	2.53	合計99.64
No.9（成熟した青磁）	0.05	76.73	16.62	1.66	0.82	0.17	0.54	0.43	2.57	合計99.59
No.10（印文硬陶）	1.18	64.93	21.73	7.70	1.09	0.54	0.86	0.57	1.79	合計100.3

2章　龍泉金村窯の碗

2003年4月、東京・五島美術館において東洋陶磁学会の研究会「ベトナム青花しぼり手の原因解明の試み」が催された。報告された山崎一雄先生は、伊万里の古九谷様式の伝世品をいち早く科学的に識別されている方である。私は先生に倣い、珠光青磁と呼ばれているものについて、龍泉の金村窯で作られたものなのか、あるいは、福建省の同安汀渓窯で作られたものなのか、胎土分析をやってみることにした。分析は佐賀県窯業技術センターにお願いをした。

蛍光X線による二酸化チタン（TiO₂）の重量割合では、明らかな違いが現れた。左の写真は、金村窯のものと思われ、もう一点私の所有する碗は口縁部が外反し内面に平行線をめぐらしている。ただし、検査にはこれらの碗を用いなかった。それは、微量とはいえ削り取らなければならないからである。検査に使用したのは少し時代の下る、見込みに団花菊花文のあるものだった。

サンプル数の少ないことが残念だったが、明らかに組成的には3分割された。同安汀渓窯No.3は、景徳鎮窯を模した青白磁である。検査をされた堤靖幸さんには、同安汀渓窯のなかに異なるものがあることは、事前に告げることはしなかった。

二酸化チタンの重量割合は素地の色を左右する。数値が上がると黒っぽくなり、低ければ白く焼き上がるわけだが、亀井明徳先生は表現されている。

この外面の綾状文や内面にあるジグ

二酸化チタン（TiO₂）の重量割合（％）

金村窯No.1	0.35
金村窯No.2	0.37
金村窯No.3	0.38
同安汀渓窯No.1	0.14
同安汀渓窯No.2	0.15
同安汀渓窯No.3	0.24

の調査ではしなかった。

もう一つ重要なことが分かった。それは、蛍光X線による定性分析（どういう元素が含まれているか）において、微量ながら、同安汀渓窯No.1と同安汀渓窯No.2に鉛（Pb）が微量ながら検出されたことである。龍泉金村窯か福建省の同安汀渓窯なのか、見た目には容易に識別できないものにも、これほど明確な違いのある検査結果が出てくるとは考えてもいなかった。

同安汀渓窯

従来、同安汀渓窯のものは「高台内側の抉（えぐ）りはぞんざいで中心部に乳頭状の隆起を残しているか、それを削り取った痕が明らか」ということなのだが、窯址に立ってみると、そうとばかりいえないものもありそうだった。

2002年10月、九州の太宰府市の文化ふれあい館と博多市の埋蔵文化財センターを訪ねた。

12世紀中頃から出土する龍泉窯の碗をⅠ類として以下Ⅳ類まで分けられているが、それよりも古いタイプのものを0類と呼んでいる。この0類の特徴は、下部に丸みを持たせ重量感のあるⅠ類のものとは異なる器形なのである。「外面に片刀や片彫風の櫛刀で縦線を施し、内面には片彫花文、櫛先による点掻文を密に入れ」ている。

同安汀渓窯

龍泉の安仁口碗圏山窯址　窯床が道になっている

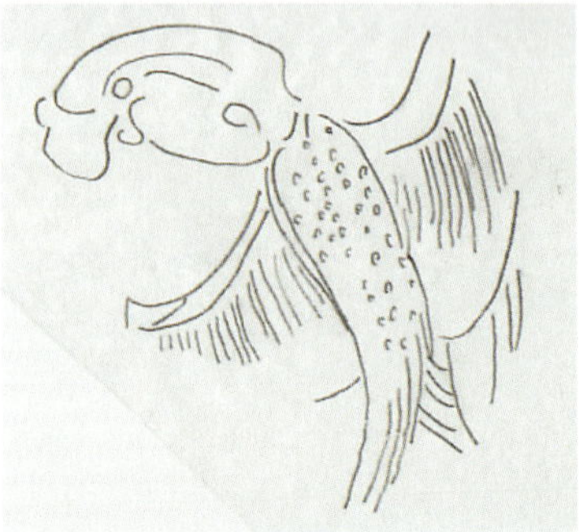

大窯　土壁に陶片がまじっている

大窯址出土

右に進むと金村

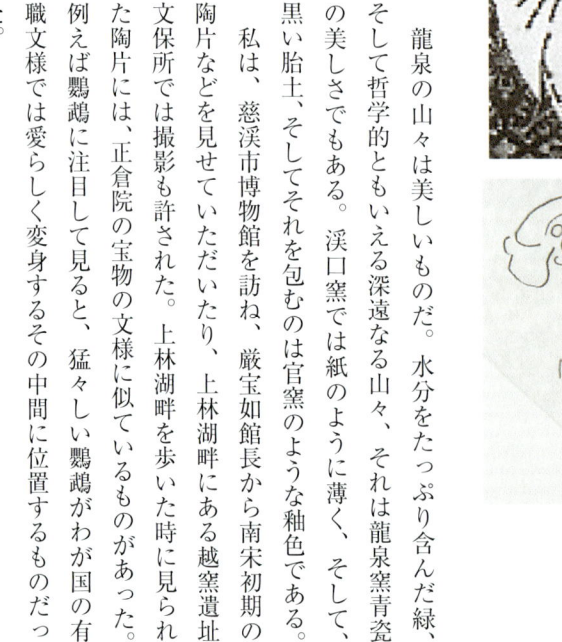

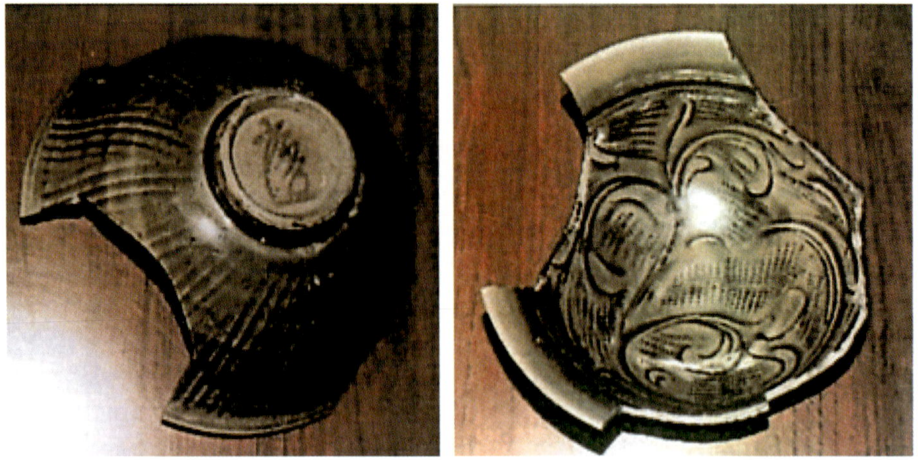

福岡市埋蔵文化財センター所蔵

龍泉の山々は美しいものだ。水分をたっぷり含んだ緑、そして哲学的ともいえる深遠なる山々、それは龍泉窯青瓷の美しさでもある。渓口窯では紙のように薄く、そして、黒い胎土、そしてそれを包むのは官窯のような釉色である。

私は、慈渓市博物館を訪ねたり、厳宝如館長から南宋初期の陶片などを見せていただいたり、上林湖畔にある越窯遺址文保所では撮影も許された。上林湖畔を歩いた時にも見られた陶片には、正倉院の宝物の文様に似ているものがあった。例えば鸚鵡に注目して見ると、猛々しい鸚鵡がわが国の有職文様では愛らしく変身するその中間に位置するものだった。

ザグ状の文様のため、小さな陶片でも見つけやすいのだが、太宰府市では、綾状文のものは出土しているが、ジグザグ文様はまだ見つかっていない（太宰府市や太宰府天満宮のように現在の地名などには、「太」を使い、歴史的なものは「大宰府」と書く）。また、下限が11世紀中葉の鴻臚館跡地の調査でも、見られない。私は博多市の埋蔵文化財センターで「同安窯系」とされる報告書２０５集掲載の碗を見せていただいた。

3章 龍泉山頭窯の碗

山頭窯址は龍泉市の北東、緊水灘水庫（ダム）の北側に位置している。市内からは「安仁口」村まで戻り、そこから1時間30〜40分ほど漁船を利用して湖を走れば、碗圏山窯、嶺脚窯、周垟窯、入窯碗窯、そして、坑下窯などを眺めながら行くことができる。碗圏山窯址に高足杯がたくさん見られるのだが、元代特有の大形の製品は、獅子岩と呼んでいるそそり立つ岸壁が見つかったところの、モンゴルのパスパ文字碗が山のように上陸することもできる。坑下窯では、明代の印花文の碗址には上陸することもできる。『龍泉東区窯址発掘報告』によれば、215の窯址があるわけだから、これらはごく一部なのである。

あるいは、市内から水庫の北側を陸路で山道を行く方法もある。ゆっくり注意深く眺めていると、窯址が道路で切断されて、「梧桐口」村が見られた。麗水市から雲和県を通過する高速道路は、現在龍泉市まで完成し慶元県に向けて工事の真最中で、水庫の南側を走り、辺りは激しく変貌している。雲和県赤石村からの眺めはすっかり変わってしまった。斜面に張り付くようにあった農家群も、そして、安仁鎮の永和橋周辺も激しく変貌している。せせらぎが流れる村には巨きな橋げたが作られた。その点陸路で行く北側は、今まで通りの霧に包まれた、海抜1929メートルの龍泉山から流れ出た清

流を傍らに、浙江省が中国随一の保水量を誇っている森林やのどかな段々畑が美しい景観をなしている。龍泉山はまた、福州に注ぐ閩江の源流でもある。

龍泉青瓷博物館の鐘琦さんが案内してくれたのは、調査報告書でY13と名づけられた山頭窯上段窯址だった。この鐘さん、笑うと優しい顔になるのだが、検察院官舎に住んでいる。

山頭窯址のすぐ近くの供村という村の、「大明正徳戊寅12月立」と刻された墓から7点の龍泉青磁が出土している。「戊寅」は、「つちのえとら」と読み、ここでは1518年のことで、鐘さんは宋元の風格を継承していると説明されていたが、作行きの低下は否めず、またそれらは博物館で常設展示されており、このことが良く理解できる。また浙江省博物館編『浙江紀年瓷』などにも紹介されている。戊寅といえば、978年、太平興国3年、呉越国王銭俶が、宋の太宗に領土を献じた呉越国滅亡の年でもあり、この時大量の貢物を献じて、その時のものと思われる「太平戊寅」銘の陶片が出土しているというので、以前私は、越州窯址の上林湖畔黄鱔（ぜん）山窯址で探したことがある。

山頭窯址を訪ねた4月1日は日曜日だったので、道太郷大白岸村山頭窯3番地の、旧知の柳光輝さん宅では、お嬢さんの小宇さんが餃子の準備をしてくれた。隣家では草餅を搗いていた。春の七草のゴギョウの母子草は、朝の市場でも売られている食用で、それを餅に入れていた。ともにキク科の植物で、ヨモギの緑よりその綿毛のために葉は薄い緑色で、水庫の水位の下がったところを、その花はまるで菜の花が咲いているように黄色に染めていた。わが国では、江戸時代初期の歳時記である「花火草」や「毛吹草」などには登場しているが、やはりゴギョウのようで、もっぱらヨモギが用いられるようになったのは江戸末期か

流れに沿って進み、左奥に山頭窯がある

投網で漁をしていた（慶元県竹口鎮）

羅漢文壺（會津八一記念博物館蔵）

なくなってしまうのだろう。龍泉渓でも、慶元県との境辺りまでは、開発工事のために砂利の採掘場があちこちに見られるようになった。

山頭窯で作られたこの鉢は、どのように使われたのだろうか。茶を飲むためのものとしては大きめだが、私なりにここで、浙江省の茶について整理しておこう。中国茶といえばしばしば烏龍茶を連想する人が多いのだが、生産量では緑茶が7割ほどを占めている。

旧龍泉青瓷博物館は土、日は閉館していたので、窯址を訪れる前日の3月31日は、蘭巨鎮大汪村の茶農家付金龍さん宅へ行き、碧螺春（ピールオーチュン）を200元／斤（500グラム）で買った。龍泉には「鳳陽春」という茶もあるのだが、碧螺春は杭州の龍井（ロンチン）茶と並び賞せられる緑茶である。茶葉のまわりが粉を吹いたような白い産毛に覆われている。産地としては、蘇州の西南30キロメートルほどのところの江蘇省太湖の洞庭山一帯が知られてはいるが、龍泉も産地の一つなのである。その名前は、螺のように（巻き貝のように）縮れていて、春一番に摘まれることに由来している。一芯一葉で摘まれる。500グラムの製造には2センチメートルにならないかの芽が「7〜8万個も必要になる」ということである。私の訪れた2007年は、3月13日に茶摘を始めたと、付さんは語っていた。茶摘の作業には、摘んだ茶葉1斤につき12元を支払っていた。龍井茶などでは、明前といって、清明節（先祖を供養する4月5日頃）の前に摘んだ茶は最高級とされているが、碧螺春も同様である。

浙江省産の高級茶で、あまり知られていないのが天目山の北に位置している安吉県の白茶である。安吉県は竹の郷と呼ばれる竹の産地だが、白茶の原産地として、興味深い

らのようである。煎じて、薬湯としても、重宝されてきた。そして、山々には野生のサツキが紅、薄紫、白色をちりばめていた。

渓流の宝石と呼ばれる翡翠がダイビングしているのをときどき見かける。スズメより少し大きく尾が短く、私が2、3メートルの近くで見かけたのは、くちばしが黒く長大で鋭く、のどは白く、背部は青緑色で尾が青色だった。ちなみに、この時期の巣には6、7羽のヒナが餌を待っていて、親鳥は毎日たくさんの小魚を捕らえなければならない、という。

この翡翠の羽の色のような淡い青緑色は、高麗青磁の釉色を表す語として知られている。1123年の北宋の使臣の随行として高麗に渡った徐兢（じょきょう）によって記された『宣和奉使高麗図経』の一節、「陶器色之青者 麗人謂之翡色」を由来としている。私たちが見慣れた白と黒の鹿の子模様の羽毛を持った80円切手のヤマセミは、カワセミ科の鳥である。

龍泉市を訪ねるたびに到着までの時間が短縮されて、急速に便利になった。しかし、そのうちに翡翠の姿を見られ

唐代の穀倉壺（龍泉青瓷博物館）

茶畑

洗濯をしていた（小梅鎮）

明代の、鶴のような印花文碗（坑下窯）

第2部・フィールドワークと胎土分析

流となっていったのである。とくに「龍井茶」はそのため、日本製の緑茶よりさっぱりしていて、香ばしい。現在では、一般的になった急須に茶葉を入れて湯を注ぐ淹茶とは区別して、急須を用いず直接茶碗に茶葉を入れて、熱湯をかけて飲む方法を「泡茶」とよんでいる。

この時の踏査行では、金華市蘭渓のドライブインで「下陳毛峰」と名づけられた緑茶を買った。杭州から、白鶴鎮、天台山、黄岩窯址のある台州市、そして、温州を経由して龍泉を訪ねるときには、私は天台山で「天台山雲霧茶」を買うことにしている。

この時期、八王子市夢美術館において、「魅惑の東洋陶磁 會津八一記念博物館所蔵品展」が開催されていた。そのなかに、「青磁貼花羅漢文壺」があり、管のかわりに羅漢坐像と人面を二段四方に貼り付けて、珍しいものなのでキャプションをみていただく。キャプションによれば、「北宋初期より作られた多嘴壺（罌）の系譜のなかに、大きく分けて2種類、ずん胴形式のものととくびれの多い特異な形式のものをみることができる。この壺はそのうちの後者で、それぞれのくびれの段ごとに筋目入り蓮弁や櫛目文をほどこす。くびれは時代が下るにつれて壺の上方に集まる傾向が」とあり、北宋晩期の、12世紀前半のものである。多嘴壺では五管のものが多く、三管や十管、十五管もあり、龍泉地区特有の副葬品で、唐代の五角罐などの牛角罐と同様に穀倉から変化したもので、来世で食べることに困らないようにとの願いが込められている。これらの生産窯が特定されていないようなのだが、私は唐代の牛角罐などは、慶元県の潘里壟窯を有力な候補地と考えている。

ものがある。白茶とはわずかな発酵の、弱発酵ないし、微発酵の茶である。緑茶と半発酵の烏龍茶（青茶とも呼ぶ）の中間で、2003年に私が訪ねた時には500グラム、600元で売られていた。柔らかな色合いで、その色は美しい。この時茶農家の李錦秀さんのところで作業している人は、時給3元で働いていた。白茶も産毛のようなうっすらとした毛がびっしりと生えている。産毛のことを「白毫」と呼ぶ。白茶は、揉捻と呼ばれる茶のエキスを引き出す揉む作業がないため、湯を注いで、少し時間を置いてグラスで飲むのが良い。また、茶壺（急須のこと）を使わずグラスで飲むと茶葉の美しさを見て楽しむことも出来る。「安吉」という地名は、「浙西、以湖州上……生安吉、武康両県山谷」と、『茶経』にも書かれている。

上海と杭州間の列車に乗ると、車掌がコップに一つかみのお茶っぱを入れて、湯を注いでくれていた。茶葉が沈みかけるのを待って、飲むのである。しばらくすると、湯を足してくれる。このように、今では当たり前になった火にかけて「煎じる」ことなく、「湯で茶をだす」ことを、紹興の方言で「撮泡」という。明代万暦年間には、まだ、北方にはこの飲用方法が伝わっていなかったので、杭州の人がそのようにして茶を淹れるのを見て、北方の人たちは、杭州の人たちを馬鹿にしたという。つまり、わが国では、茶葉を炒めるのではなく、炒めて蒸して殺青してあるのに対して、茶葉を炒めるのではなく蒸すことによって、茶葉自体が持っている発酵作用を止めるのである。そして、この「撮泡」と、炒めて殺青する「炒青」という生産形態は、深く関わっていくほどなく、中国では、この「炒青」による生産が主流となって、明代の形態が清代へ、そして現代にも引き継がれ、主

▼引用・参考文献

朱白振　2000　『煎茶の起源と発展』金谷町お茶の郷博物館、

平野雅章　1995　『江戸美味い物帖』廣済堂出版

この先が安仁鎮

嶺脚窯

4章 慶元県上垟窯の碗

入窯湾窯（ほぼ真北より）

慶元県上垟窯出土の碗

唐の文化的な極盛期は開元の治と呼ばれる。玄宗の治世の前半である。しかし、安史の乱以後、勢力を得て地方政権への道を進んだ節度使は、唐末の動乱にあたってますます独立化した。そのために宋王朝は、最初から中央集権の強化を目標とし、文治主義を採用して武官をおさえた。中央集権的官僚国家の誕生である。とくに皇帝自ら試験官となった「殿試」が行われ、皇帝と科挙出身の官僚（士大夫）との関係をいっそう密接にした。

自ら笑う　平生　口の為に忙しかりしことを
老来　事業　転た荒唐
長江　郭を繞りて　魚の美なるを知り
好竹　山に連なりて　筍の香しきを覚ゆ

北宋の蘇東坡の「初めて黄州に到る」と題された八句構成の七言律詩の前段である。朝政誹謗の科によって投獄された後、黄州（湖北省）に流され、一時は死罪も覚悟していたという。名は軾、東坡は号である。

ふだん、口を糊するために忙しくしていたと、自分でも笑ってしまう。年をとると、する仕事もいよいよとりとめがなくなってきた。長江がまちをめぐり、魚が美味なることを知ったし、よい竹が山に連なって、たけのこの香りがしてくる。

糊するとは、やっと食べていくという意味。終わりの句では、「ただ、恥ずかしく思うのは、国のためになにもしていないのに、それでもなお、朝廷が私のために酒をしぼる袋を下さることだ」とも、言っている。蘇東坡は私の好きな詩人の一人で、黄州から都忭京（開封）に戻るも再び、旧法党の首領として弾劾され、恵州（広東省）に左遷されている。しかし、そのようななかでも、けっして悲観することなく楽観的に生活しているように見えるのである。「私はこれから万里の南方に何しに行くかといえば、ちょっと曹渓の水を汲んで水の味を確かめるのさ」と言い、その地では、「毎日、荔枝を三百個も食べられるから、一生、嶺南に住むのも悪くはない」とも、詠っている。そして、１１００（元符３）年、哲宗皇帝が崩じてその弟徽宗が即位し新法、旧法両党が和解し折衷政策が講じられ赦されて海南島から大陸に戻り、翌年、波乱の生涯を閉じる。没年は、奇しくも15年先輩の宿敵王安石と同じ66歳であった。黄州での「次荊公韻」という詩のなかで、鍾山にひきこもっていた王安石を訪ねてみると、「ロバに乗ってはるばる旅を続け、雑草のおい茂る池の端に来てみると、先生の病気前の元気なお姿が、目に浮かんでくる。先生は私に三畝の宅地を求めて、隠棲せよとお勧めになるが、もう十年前にその教えをうけていたらと悔やまれる」とも、言っている。

初春に龍泉を訪れ筍を食べると、いつも、「筍の香しきを覚ゆ」を想い出し、枝つきの荔枝が店先に並び始めると、蘇東坡を想う。江南地方では、まだ春の遠い12月に入ると、筍が市場で見られる。それは、小振りで柔らかで美味である。龍泉市小梅鎮から慶元県に入ると沿道の

緊水灘水庫（ダム）

龍厳洞
祠（ほこら）を一人の老人が守っている

両側には、鬱蒼とした竹林が見られる。中華料理の定番「東坡肉（トンポーロウ）」は、杭州の老舗楼外楼の名物である。「猪肉（豚肉のこと）を食らう」という詩のなかでは、「金持ちは食いたがらないし、貧乏人は調理法を知らない。ゆっくり火をつけ、水は少なめ。十分グツグツ煮れば、自然にうまくなる」と、調理法まで詠っている。西湖の蘇堤は湖底の泥をさらい、南北約3キロメートルにわたって築かれている。楼外楼の壁面には、西湖をいにしえ（春秋時代）の越の美女西施にたとえた蘇東坡の七言絶句が掲げてある。

越王勾践に敗れた呉王の子、夫差はその悔しさを忘れぬように薪の上に臥して寝た。そして会稽山で勾践を破り父の無念を晴らした。するとこんどは、その勾践が苦い胆を嘗めては復讐の気持ちを保ち、西施にうつつを抜かす夫差に勝った。臥薪嘗胆の故事が日本史に登場するのが、いわゆる「三国干渉」である。ロシアなどは日清戦争に勝利した日本に対して、清国との間に結ばれた下関講和条約に対して異を唱えてきたのである。その後の日露戦争での勝因の一つとして、江戸時代の教育の優秀さがあり、この臥薪嘗胆が合言葉となりえたのも、子どもまでが漢籍を素読するという江戸教育がもとにあった、ともいわれている。幾度か私は、このような想いで会稽山を眺めている。龍泉の踏査を終えて紹興市で宿泊し、最近は翌朝の杭州発の便を利用している。

南宋の陸游の「沈園」にも、いくどか寄っている。青春を回顧し、「錯てり錯てり…莫し莫し」と、「釵頭鳳」の

詩が庭園の壁に刻まれている。郊外に柯橋鎮というところがあり運河が廻り、以前は、旧市街の家々の前では野菜などを洗うのどかな江南の風景であった。15年ぶりに訪ねた2007年4月、知人の博栄根君の家の周囲はあまりに変貌していて驚かされた。また、蘭亭は王羲之の「蘭亭集序」で知られ、友人たちと曲水の宴を張り、詠まれた詩を集め、その書は行書の手本ともなっている。

▼引用・参考文献
石川忠久　1991『NHK漢詩紀行』　1993『NHK漢詩紀行（2）』日本放送出版協会

5章　温州正和堂窯の碗

２００７年８月、龍泉市から福建省浦城県に行き、浦城県博物館を訪ねた。そして、陳寅龍さん、黄文英さんの案内で、唐代の朱塘瑶窯と羅源窯（晩唐〜五代の時代）、さらに東路村にある半路窯（南宋〜元）、黄碧村の大口窯（南宋〜元の時代）の窯址を案内していただいた。唐代の多角瓶は松渓県からは出土するのだが、「浦城県では出土していない」とのことだった。岡江の支流の南浦渓では、竹の筏で漁をしていた。この時は台風8号が接近し、龍泉市への帰り道では、蓑を着た農民がスイギュウ（水牛）を連れている光景に3度、出くわした。

宋代の龍泉窯の多管瓶は、唐代の多角瓶をオリジナルとしていて、埋葬時の穀倉などとして使われている、完全に一致することも、と指摘されている。「谷」の音が似ている、この「角」と穀倉の「谷」が付けられ、それは羊の角と説明されていることが多いのだが、東洋の生きたトラクターと表現されるスイギュウのその角でもいいのではないかと、私には思われる。現在の龍泉市では、羊やヤギにも出会うが、水田の耕作を補助するのに理想的なスイギュウには、しばしば、出会うからなのである。そのため多角瓶の角に

は、スイギュウの角を私は連想する。

私は、唐代の龍泉窯の特色、唐代の龍泉窯の個性は、その多角瓶にあると考えている。だが、それは一地方の特色であり、広大な国土には聞き及ぶものではなかったようだ。

所思（思う所）と題された、杜甫の五言律詩の読み下し文である。

鄭老　身　仍お　竄せられ
台州　信　始めて伝う
農と為る　山かんの曲
病に臥す　海雲の辺
世　已に儒素を疎んずるも
人　猶お酒銭を乞えん
徒に牛斗を望むを労し
龍泉をしょくするに計無し

鄭大人はまたも左遷され、左遷先の台州から手紙が初めて届けられた。山中の谷川のそばで農作業をし、海べの雲をのぞむあたりで病の床に伏しているとか。今の世はもはや読書人を大切にしないが、人々の中には酒代をおごってしばしば、出会うからなのである。

蓮の実売り（杭州にて）1ヶ5元
「蓮の実は、黒く熟すと蜂の巣のような花托の穴から次々に飛び出す」という

大窯村の子どもたち

五角瓶（龍泉青瓷博物館）

太平戊寅銘「刻花蓮弁文盤口瓶」
（上海博物館）

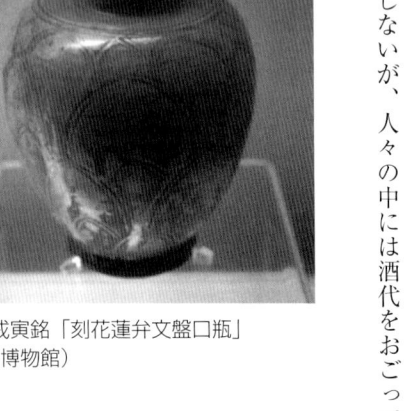

第2部・フィールドワークと胎土分析

くれる人もあろう。私は牛斗の星をむなしく眺めるばかりで、龍泉の名剣を発掘する手だてはもたないのだが、鄭虔とは鄭老のことで、玄宗朝の著名な文人官僚が尊敬していた先輩なのだが、安史の乱（755年）の後、台州に流罪となった。この詩は、その頃の作とされている。杜甫は鄭虔を、「龍泉の名剣」にたとえ、彼を救出することができない自分を悲しんで、この詩を結んでいる。

ここで私が注目するのは、助け出すことができない敬愛する先輩を、「龍泉の名剣」に喩えている点で、杜甫にとっては、「龍泉の青瓷」とは、言っていないことなのである。杜甫といえば、いいかえれば、杜甫の時代は、龍泉といえば、なくて「剣」だったわけである。

瓷博物館の常設展示のなかで刻花文碗と劃花文碗の説明がなされ、その劃花文碗が金村窯のものと思われるので、紹介している。なお、龍泉青瓷博物館の英語訳では、刻花は、(鋭利な道具で) 切りめをつけるということで、incised floral design とし、劃花は、carved decoration としていた。

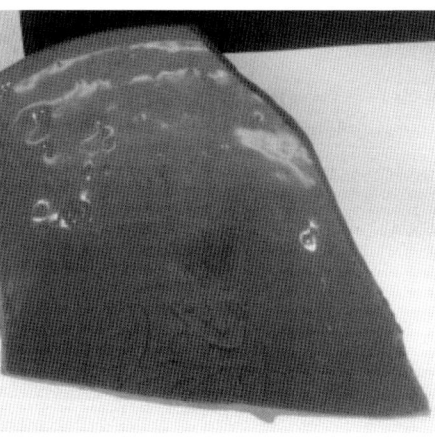

劃花文（龍泉青瓷博物館）

金村窯址から（大窯址の南2.5キロメートル）

「よどみのない、なんと伸びやかな刻みなのだろう！」

外面には綾条文（折扇文）の、金村窯で作られた北宋晩（末）期の刻花文である。

金村窯には、龍泉市から大窯への入口である大梅口を越えて小梅鎮に行き、いったん龍泉渓を渡り、慶元県側の龍泉渓を遡る。慶元県上洋村で龍泉渓を小梅鎮側に渡り、さらに遡ると金村窯に着く。『龍泉青磁簡史』によれば、「我々がそこに調査に行った時、五箇所の宋代窯址の最下層から、北宋早期の廃品の堆積層が発見され、その産品はすべて淡青色釉青磁であった。器壁は薄くて堅硬、素地は細緻でごく淡い灰白色を呈する。全体に淡青色釉が施され、釉層は透明で、表面は光沢がある。器形には碗、盤、壺、多管瓶などである。そのうち碗、盤は通常輪花形で、口縁に何箇所か凹みが入り、高台はほんのわずか外に向かって開いていて、文様様式は優雅で、多くのものの見込みには変形雲文が彫られている」と、ある。見込みの変形雲文の紹介に金村10号窯址採集の割花碗が掲載されているのだが、この著書の中の写真が見えにくいので、現在、龍泉青

龍泉市茶豊郷敦頭村出土の把手付壺（執壺）、五管瓶、双耳盤口瓶などについて『龍泉青磁簡史』では、「上述の陶磁器は、1964年に温州市西郭の大橋頭石の橋脚下から出土した把手付壺、瓶等の甌窯陶磁器に、素地、釉色、造形等から見てすべて似ている。……上海博物館収蔵の底部に"太平戊寅"（すなわち北宋の太平興国3年、978年）の款が刻まれている蓮弁文壺と同じである。これによって、淡青色釉青磁の焼造年代が五代と北宋早期に当たることを知ることができる」、としている。朱伯謙氏の、この年代の判定の方法には異論も出されているのだが、は、この結論は正しいのではないかと思う。「……いずれも温州市西山呂歩坑、慶元県黄壇の南朝から唐代にかけての灰胎青黄釉の陶磁器は甌窯の産品ときわめてよく似ている。そして麗水県黄壇の南朝から唐代にかけての灰胎青黄釉の陶磁器とは大変大きな違いがあり、それが甌窯から大きな影響を受けたものであること、さらに言えば、甌窯の手工業者が直接龍泉に到って生産を管理した可能性もあることを物語っている」との見解にも、私が以前に温州市内の、晩唐から北宋時代の操業とされている正和堂窯址で実見したものと、なによりもその釉色について、酷似していることを確認できた。残念ながら、温州正和堂窯址では刻割花文は見出すことはできなかった。

『龍泉青磁簡史』における「龍泉窯の興起」の「甌窯の影響を受けた淡青色釉青磁」のなかで、五代の「龍泉窯はなお周辺地域に販売する小規模生産の段階にあり、産量は少なく、品質は越窯陶磁に及ばず、けっして呉越国王に気に入られるものではなかった」との見解に対しては、五代窯址からの出土量の少ない陶片資料から、生産量が少なかったということが理解できる。

温州正和堂窯址にて

太平戊寅銘「刻花蓮弁文盤口瓶」

太平興国3（978）年5月、呉越国王銭弘俶は、「自ら宋の太宗に領土を献じて臣下の礼をとり、呉越国は滅亡した」。この時の貢物に『太平戊寅』銘のある青磁が献上され、それらの陶片が、上林湖畔の越州窯址で多数発見されている。「これらは呉越国最後の青磁焼造の過程で生じたものなのである」。

上海博物館所蔵の底部に『太平戊寅』銘のある「刻花蓮弁文盤口瓶」は、よく知られている。従来、この瓶は越州窯の製品とされてきた。龍泉窯の窯址からは、今のところ、『太平戊寅』銘のある青磁片が見つかっていない。しかし、現在は龍泉窯のものとされている。越州窯の胎土は、重量割合で二酸化ケイ素（SiO_2）が75パーセント前後、カオリンの成分である酸化アルミニウム（Al_2O_3）が15パーセント前後で少なく、着色成分である酸化第二鉄（Fe_2O_3）や二酸化チタン（TiO_2）が比較的多い。これに対して、龍泉淡青釉青磁は酸化アルミニウム（Al_2O_3）の割合が高く、白色を呈し、酸化第二鉄（Fe_2O_3）などは少ない。それゆえに、胎は薄く、『龍泉青磁簡史』のなかで取り上げられた慶元県出土の「刻花蓮弁文小罐」の腹部上部はわずか、0.7ミリメートルしかない。そして、残念ながら、私は上海博物館のこの「盤口瓶」をガラス越しでしか見ることができないのだが、五代から北宋早期の慶元県上垟窯址の青磁片の淡青釉の青磁片の釉色をわずかしか実見していない（私は金村窯址の淡青釉の青磁片をわずかしか実見していない）。そして、先入観《今のところ、『太平戊寅』銘のある青磁片が見つかっていないという》を抱かずにこの「盤口瓶」を見るならば、多くの人は龍泉窯の製品と見なすであろうと思われる。とすると、それは金村窯で作られたものなのだろうか、それとも、上垟窯の最初期は3号窯とされている、そのあたりなのだろうか。

また、「このほか、処州と婺州は堺を接しており、宋初の時、繁栄した婺州の窯業も、一定の影響を与え、ある種の盤口環耳蓋瓶と器物の肩、腹部に貼りつけられた水波形の堆文の装飾は、明らかに婺州窯を踏襲したものである」と、そして、「歴史が北宋の中、晩期に進むと、龍泉窯の状況に一定の変化が発生した。前の時期の淡青釉の青磁は見られなくなり、青黄釉の青磁が生産された」と、述べている。

（後日、宇野直人先生より、「杜詩の『龍泉』は、豊城（江西省）にて発見された剣の名称であり、浙江省の龍泉市とは関係はないと思われます」と、ご教示いただいた。）

▼引用・参考文献

朱伯謙 1989 「龍泉青瓷簡史」金沢陽訳註『出光美術館館報85号』

朱伯謙 1998 『龍泉青瓷』浙江撮影出版社、『龍泉窯青瓷』芸術家出版社

沈岳明 2007 「浙江龍泉窯大窯村楓洞岩窯址」『2006中国重要考古発見』文物出版社

陳寅龍 1990 「浦城水北唐窯」『福建文博』

李剛 1999 『古瓷発微』浙江人民美術出版社

今井敦 1997 平凡社版中国の陶磁④青磁

宇野明徳 2007 『古典講読杜甫』NHK出版

亀井明徳 2002 「越州窯と龍泉窯」『東洋陶磁史』東洋陶磁学会

6章 上垟址を訪ねて

路旁の野店 両三家
清暁に湯無し 況んや茶有らん
是れ渠儂は好事ならずと道わば
青瓷の瓶に挿す 紫薇の花

南宋の楊万里の「道旁店」と題された七言絶句である。道ばたに鄙びた旅籠が二、三軒。さわやかな明け方なのに、お湯の用意もないとは。まして茶などあるわけはない。さても不粋な田舎おやじ、と言おうとしたら、なんと、青磁の花瓶に活けられたさるすべりの風雅なことよ。(石川忠久『漢詩を読む』1992)

作者は剛直な性格と、金に対する徹底抗戦の主張によって天子にうとまれ、地方に出されることが多かったという。陸游と同世代である。この青磁の花瓶がどのようなものなのか知るよしもないが、地方巡視の役人の目に留まったものだとすれば、それは、現在の私たちが求めているようなものであろう。石川忠久先生によれば、「宋詩には、何げない日常生活の中に美を発見しようとする趣向が見られるが、この詩はその好例」と、解説されている。紹熙2 (1191) 年、作者65歳のとき、江東転運副使として治下の州県を巡視した際の一こまという。

私の訪れたこの時期、高速道路の傍らにはさるすべりや、時折、合歓の木が見られた。

大窯坪とよばれている金村窯址の李根弟さん宅から帰るときには、夜遅くなり一匹の蛍が飛んでいた。渓口の瓦窯址では、黒胎青磁になる紫金土の素焼き片のようなものを探して、虫に刺されて難儀した。ようなものとしたのは、「中国では明時代以前、高火度釉陶磁において素焼きを行う習慣はなかった」とされているからである。しかし、あっが調査したのは南宋時代の窯址と思われた。

この農家の上が上垟6号址

朝の市場の瓢箪売り

后坑橋

「元豊三（1080）年銘」五管瓶
大和文華館蔵

たのだ。故に、素焼きは遅くとも南宋時代から一般的になったということである。安福窯では村は激変していたが、筆架山周辺の３つの窯場は無事で、見込みに貼花文の亀が印象的であった。２００６年８月３日から９日までのこのレポートでは、上垟窯など慶元県の窯址訪問である。

上垟窯址は、慶元県竹口鎮の最北の、温州上流である龍泉渓に沿って位置し、１号から８号窯まで確認されている。案内の慶元県博物館呉慶珍館長や県職員、そして私たち一行は、６号、５号、３号窯址の順に調査した。６号は北宋から南宋早期、５号は北宋から元代、３号は上垟窯址群で最初のもので五代から北宋時代に操業したとされている。龍泉渓東岸の丘にあり、その前には階段状になった平坦な田んぼがある。遺物の堆積は南北およそ３００メートル、幅５０メートルで、堆積層と窯床の保存状態は良いようだ。出土した製品はだいたい４種類で、説明によると、ⅰ）茶碗、壺、鉢。ⅱ）八稜瓶と六弁執壺が多く発見されている。ⅲ）盞托（杯の台座）と瓶。ⅳ）主に茶碗類を採集した窯道具には、匣鉢、喇叭型塾具、塾圏、塾珠などである。窯址からの五管瓶の出土は博物館でも展示されてなく、窯址で私も確認できず心残りだった。

竹口鎮の黄壇村の南に位置している唐代の黄壇窯址が、およそ７５００平方メートルであることを考えても、上垟窯址の堆積層は比較的薄く、龍泉の他の窯址や圧倒される

ような福建省建窯の水吉鎮の窯址を思い浮かべるまでもなく、操業の規模は確かに小さい。建窯といえば、建窯で作られている碗と同じものが慶元県で作られていることも知っておく必要がある。竹口鎮竹口村の潘里襲窯址である。さらに紛らわしいのは、製品の搬出ルートで、慶元県の川の流れは福建側に流れ、福州に流れる。黄壇窯址の傍らの川も、同じである。それゆえ、操業規模は比較にはならないが、建窯で建盞が作られているその時期には、慶元県でも建盞が作られている。それぞれの胎土にどのような違いがあるのか見ただけでは識別できないので、胎土分析を考えており、後日の報告としたい。麗水市から雲和県を経て龍泉市に入る手前の道路標識には、建窯址のある武夷山まで２００キロメートル、福州まで３８０キロメートルと記されていた。

宿は慶元国際大酒店、昼食は三江源大酒店でとった。慶元県は「灰樹花（舞茸）の県」と自ら宣伝するくらいにいろいろな茸が多く、乾燥したものは持ち帰ることができる。秋の味覚であり、幻の茸ともいわれている松茸に似た茸を食べたり、ホテルでは、霊芝を細く切って湯を注ぎ、お茶代わりに飲んでいた。霊芝は万年茸のことで、いろいろな広葉樹の根元に初夏から秋にかけて発生して、癌に効くともいわれているが科学的な根拠は出ていないようで、現在では栽培も行なわれている。中国では不老長寿の霊薬とされている。「多少銭一斤（トーシャオチェンイーチン）？」と、朝の市場を歩いた。日本の尺貫法では一斤

第2部・フィールドワークと胎土分析

は普通600グラムだが、中国では500グラムである。瓢箪や糸瓜は、最近の日本の八百屋の店先で見かけなくなってしまったが、瓢箪は、日本列島において人との関わりがはっきりしている植物の中では最も古い歴史をもっていて、縄文時代前期から中期の三内丸山遺跡や、縄文時代早期から前期の鳥浜貝塚（福井県三方町）の遺物包含層からも出土している。「きれいな瓢箪だ」と、言ったら、「一つなら持って行っていいよ」と、言ってくれた。

追記：金村窯の重なった鎬蓮弁文の碗は22枚の蓮弁だ。奈良の大仏様の台座（蓮華座）の蓮弁は28枚である。品とは章のことで、法華経は28の品からできている。蓮の花は朝妙なる音とともに咲くと言われているが、ここ龍泉でもいくどか早朝に眺めているのだが、まだ聞く機会がない。杭州の西湖の畔では、花を落とした後の実が売られている。国花としているベトナムでは、夜明けの咲き始めを香り付けした蓮茶が知られている。

（2007年8月29日、NHK「元気列島」の番組のなかで、「ハスの奏でる夏」と題して、雨上がりの後、夏の強い陽射しを浴びると、蓮の葉による光合成によって作られた酸素は、葉の真ん中に溜まった雨粒の水溜りから、泡となって激しく吹き出し始め、その時の音を紹介していた。山梨県の嶋津寿秀さん（86歳）の蓮畑だった。）

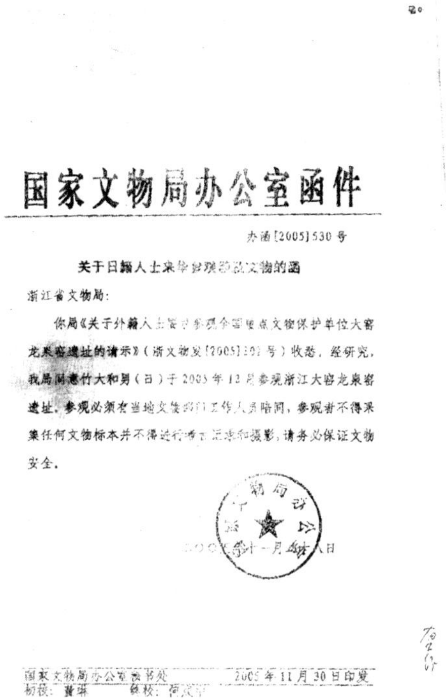

国家文物局办公室函件

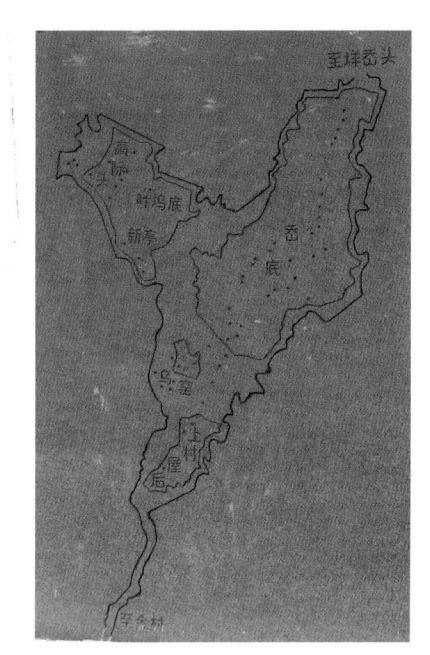

大窯址石碑より

松源鎮会渓村にて

轆轤の回転方向が時計と反対回りになっている

7章 大窯址を訪ねて

2005年 9/1（木）5時30分、タクシーが来る。羽田まで30分ほど。関西空港経由で、福岡上空を過ぎて機長からのアナウンス、「五島列島が見えます。右手に壱岐が見えました」。この辺りから、進路を南にとる。杭州着、運転手蔣小栄君の出迎え。蕭山東から麗水まで、高速代120元。ガソリン4.25元／リットルだった。安仁鎮の永和橋を渡って秀蘭菜館で魚頭の夕食、40元。魚頭とはコクレンという淡水魚の頭の部分で、この地方の名物料理。中国では、ソウギョ、アオウオ、ハクレン、コクレンの4種を四大家魚と呼び唐時代から養殖されていたらしい。日本へも明治以来十数回も移入が試みられ、そのうち利根川水系に放流されたものだけが、自然繁殖に成功し定着している。ここから龍泉市内までは道路工事で、瑞々しい山肌が削られあちこち地肌が露出していた。安福窯などは壊滅的。時差1時間遅れで6時30分頃、清風路の龍泉賓館着。1部屋168元。

9/2（金）朝の市場にて、むいてある栗、1斤（500グラム）6元。むいてない栗、1斤4元。輪タク1元。葡萄1元。190センチメートル×148センチメートルの竹のゴザが35元。8時15分、旧知の盧偉孫さんを訪問。中国銀行で円を交換、1万円で718元（1元はおよそ14円）。龍泉青瓷博物館へ。入館料8元。南朝時代の出土があった査田鎮下堡へ。博物館での最初の展示のものが出土したところだからだ。博物館の展示は南朝時代から始まっている。渓口の金建敏さんの知人が案内してくれた。昼食は茶農家付金龍さん宅で。この辺りの茶摘みは、静岡より1ヶ月ほど早い。午後3時、再び博物館で呉秋華館長と打ち合わせ。「大窯と金村窯はどうですか」という提案に、「一日中大窯をお願いしたい」と希望した。来館者は3人だった。案内の費用100元。4時半までいたけれど、お湯が出なかったので、ホテルを龍泉大酒店に変更。1部屋238元。改装されたこのホテルにはホンモノを知りたい人は見ない方がいいのかも知れない。しかし、龍泉の現代作家の作品があちこちに置かれている。朱伯謙主編『龍泉窯青瓷』で北宋早期とされているNo.44の盤口壺やNo.51の托を、旧龍泉青瓷博物館の展示では五代のものとしていた。私も、これに賛同する。この他2点を五代として展示している。博物館でも迷っていたようだ。2004年3月に訪ねた折にはこの托を北宋としていたし、もう一つの盤口壺もその時は北宋としていた。金村窯では類似の陶片が出土しているし、お願いすれば博物館で見ることができる。また私は、唐代の慶元県「黄壇窯」や麗水市の「呂歩坑窯」を訪ねている。「黄壇窯」では今も民家の庭先や土壁に、その時代の陶片が見られる。もち

大窯村

大窯址　7号窯址に立って

第 2 部・フィールドワークと胎土分析

ろん、生産規模では比較にならないが、越（州）窯と同時に平行して龍泉窯も操業しているのである。2006年4月9日、東京国立博物館資料館で行われた東洋陶磁学会の研究会で私はこのことに触れたのだが、司会者の方にはこの認識があまりなかった。この時代のものを疑うことなく、越（州）窯としてしまうことは危ういのではないかと思う。

9/3（土） 朝はホテルの裏の路地を散歩した。四字熟語とその対句的表現には関心させられる。熱愛祖国、建設龍泉。言行文明、自尊自愛。尊師重教、敬老愛幼など。8時30分、大窯址へ。窯址入口の大梅口で公安の車が待機していた。「あなた方の安全のためです」と。窯址でもずっと対岸で待機していてくれたのだが、退屈したのかこちらにやってきて一緒に写真を撮ったりした。7号の元代鎬蓮弁文の鉢などを見つけることができた。昼食は5キロメートルほど離れた小梅鎮で。私たちが食事をしていると、この警察官の友人なのか、「カンペイ、カンペイ」とテーブルにやってきて同席した。午後は、23号の北宋期の窯址へ。ここの窯址の堆積は少なかった。村の小学校は閉じており、以前会った子どもたちには会えなかった。撮影は許されなかった。かつて先輩たちが厳しく制限されたのがウソのようだ。夕食は市内に戻って4人で、軍魚という淡水魚を食べた。甌江で魚が取れるとか。

9/4（日） 再

大園坪窯址

琉華山　左端に23号窯址（土が見えるところ）

び下堡へ。昼食は金建敏さん宅で。さつまいもの茎を炒めたものや龍泉渓でとれた魚を食べさせてくれた。どぶろくのようなものも。市内に戻って新華書店へ。龍泉を詠んだ漢詩集があった。最初の詩は諸国を放浪した盛唐の孟浩然（689〜740年）のものだった。

9/5（月） 博物館の館長、楊冠富副館長、案内してくれた胡小平さんにお礼の電話。運転手が先に述べ、私は「謝謝、謝謝、再見」。8時30分発、11時45分、永康市で高速を下りる。12時30分頃東陽市で昼食。3元。みかん5個で2元。沿道で、農家の人が手を振って籠入りのなつめを売っていた。3時、上虞市石浦村着。小仙壇窯址へ。銭塘曽娥江大酒店泊。1部屋228元。

9/6（火） 曽娥江を橋の上から眺めた。8時30分発、小仙壇大園坪窯址へ。大園坪は四峰山の南麓、支頂山と呼ばれているところ。窯壁をなしていたレンガが散乱していた。龍窯が2つ発見されている。1号窯は13メートル。後漢時代中晩期の操業ということだ。この秋に大学生になる董海君が案内してくれた。董君は窯址発掘調査の新聞記事などを逐次送ってくれた。前年12月暮れの28日に訪ねた折には、雪が降りしきるなか小仙壇窯址の石碑まで辿りついたが、300メートル先であるのに、それより上には進めなかった。この小仙壇窯址の石碑付近には、少量の麻布紋が施された印紋硬陶片と、肩に降りかかるように原始青磁の盤口壺片（耳のあいだに櫛目の波状紋のついたものとつかないものがある）、そして還元炎焼成された青緑色の青磁片が共伴するが、小仙壇窯址の操業は、青磁が誕生したとされる後漢時代初期ということだろうか。日本の古伊万里でいえば、唐津の陶器片に磁器片が混じる小溝上窯か天神森窯によく似ている。ここは、完成された青磁が誕生した有力候補地の一つであることは間違いないようだ。董君の家で昼食。彼のお母さんが餃子を作ってくれた。そして、紹興市の富盛長竹園戦国時代窯址へ。さらに、吼山窯址へ。ここでは私も、印紋硬陶の叩きのある甕の破片や内面に回転痕を強く残す原始青磁の碗や、皿

大窯7号窯址

第2部・フィールドワークと胎土分析

石碑　この左側に立ち入り禁止の石碑が新たに建てられた

市内に残る古い町並

朝の市場

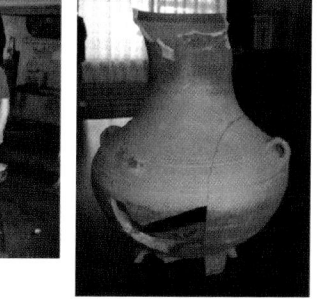

小仙壇窯址出土の原始青磁
高34.1cm　幅26.5cm
耳の中に波文をめぐらせている。酷似した銅壺を杭州歴史博物館で見ることができる

片や窯道具としての目跡の団子などがかなり確認出来た。実は、ここは2度目。10年ほど前に訪ねたときにはこの時代の古窯址には関心が薄く、遠く一面の菜の花畑を眺めて楽しむだけだった。杭州友好飯店の知人に予約してホテル着。398元。楼外楼で夕食。桂魚の甘酢のあんかけはいつ食べても美味。東坡肉も食べる。176元。日本に荷物を送る。460元。

9/7（水）知味観で、蓮にもち米をつめたものなどを買った。浙江省博物館へ。李剛先生が展示替えをされていた。五芳斎の粽を土産に買った。
粽は屈原を偲んで供えられ食べられてきた。屈原は楚の国の人だ。紀元前3世紀、やがて秦の始皇帝が統一国家を築く直前の戦国の世である。屈原は受け入れられず、洞庭湖の南方、汨羅の淵に身を投じた。「乱に曰く 已んぬるかな 国に人なく吾れを知る莫し 又何ぞ故都を懐わん…」と、「離騒」の中で詠う。本来、粽はきびもちを真菰（まこも）の葉で巻いていた。その後、もち米などを竹の皮や蓮の葉で巻くようになった。現在の点心粽だ。真菰は、イネ科で沼や小川に生える大形の多年生水草。茎の部分をなどか食べた。帰国して、26日には大学の国際シンポジウム「楚文化の研究の現在」に出席した。

私は大田区に住んでいて、家から数百メートルに久が原6丁目公園がある。ここから弥生時代の竪穴住居跡が見つかり、久が原式弥生土器が出土したことで知られている。この時代、わが国は文字を持たない。中国では、登龍門の故事が生まれた後漢時代晩期なのだ。初めて大窯址を訪ねたのは1997年3月だった。激しく変貌している中国を目のあたりにすると、あと数年もすれば、「いい時期に訪ねたものだ」と振り返ることになるのかもしれない。杭州空港から関西空港へ。予定を早めて17時発で帰った。

8章 金村窯を訪ねて

「龍泉は陸の孤島である」

初めての訪問でそのような印象を抱いてから、最近では道路も整備されて、自宅を出て、その日のうちに龍泉の宿に着けるようになった。2006年5月18日から一週間、今回は唐代の龍泉窯を確認する旅に出た。

当時は、杭州空港から麗水市まで高速道路があり、それに自動車専用道路が続いていた。高速道路ができるまでは、日が暮れて東陽市か永康市に宿泊し、麗水市内を昼ごろに通過していた。甌江の支流にかかる橋を渡ると、龍泉にやって来寒村が続いていてこのあたりまで来ると、龍泉にやって来たなぁ、という感慨をもったものだ。橋を渡った右側の村が、窯址のある呂歩坑村だ。南朝時代の操業といわれ、以前に私が訪ねた折には唐の時代の碗を容易に見つけ出すことができた。そして、雲和県経由で龍泉市ではなく、松陽県に向かえば、そこでも唐代の窯址が見られる。

私たちの今回の旅は、龍泉からの帰り道（23日）に寄ったので、龍泉市から山道を遂昌県に出て、そこから松陽県に入った。なぜなら、松陽県（古市鎮赤寿郷の）界首村は、文字通り遂昌県との県境にあるからだ。村は茶摘みに忙しそうだった。界首村8番地の張春友さんの家は、傾斜地の北側を削り建てられ、断面がむき出しになっていた。松陽博物館にはなにも展示がなく、気の毒に思われたのか、館長の陳芳紅さんには、パソコンに整理してあるものを見せていただいた。

翌19日には、龍泉市から慶元県博物館に行った。バス停に沿って案内することにしよう。市内から慶元県に向かうと、慶元県まで92キロメートルの道路標識がある。最初のバス停は「農場」。春には沿道で苺が売られている。「宏山」「蜜蜂嶺」を過ぎると茶畑が拡がり、3月中旬には茶摘みが始まる。緑茶といえば西湖龍井（ロンチン）茶が有名だが、江蘇省にある太湖の東山一帯を産地とする碧螺春（ピールォチュン）も知られている。その碧螺春が、ここでも生産されている。「大汪」「蘭巨路口」「何圓」「豫章」「上濟」「剣湖」「げん湖」「青坑呑（あお）」と、右側に龍泉渓の流れを上流に進む。この「あお」という字は見慣れない漢字で、「奥」という字の下に『山』と書く。

「住田」「茶豊」と続く。ここの古墓から、淡青釉のかかった北宋早期の『蓮弁文五管瓶』が出土している。この瓶に類似する出土陶片は、慶元県上垟窯から出土したものが慶元県博物館に常設展示されている。私はこの渓流沿いの店で食事をすることがある。カレンダーには、健康家庭永遠相伴と書かれていた。「下濟」そして、「竹舟」。ここでは、筏に乗って漁をしているのをときどき見ることができる。そして、「渓口」。黒胎青磁で知られる窯址で、私には龍泉を訪れるといつも訪問する知人がいる。「呉濟」、「下堡」ここでは南朝時代の碗が出土していて、龍泉青瓷博物館のここでは南朝時代の碗が出土している。

さらに上流に進むと金村窯

第2部・フィールドワークと胎土分析

黄壇窯出土　慶元県博物館にて

現在も操業している龍窯

田起こしをした虫を食べるためセキレイが傍らで待っていた

一番初めの展示になっている。そして、少し大きな村といった感じの査田鎮の「査田」に着く。バス停横の店では龍泉渓で取れた魚を食べさせてくれる。そして、「大梅口」。こが大窯への入口で、そして、小梅鎮の「小梅」。

ここで龍泉渓を渡ると慶元県で、源流を少したどると小梅鎮側に金村窯がある。

竹口鎮の「竹口」、そして、右に后坑橋があって「黄壇」、「柏渡口」「大澤」、そして、「曽嶺」「楓樹橋」黄田鎮の「黄田」に着く。ここはいくどか訪ねている。唐代の窯址がある「黄壇」。館長呉慶珍さんに案内していただいた。今回は慶元県博物館の褐色味があり、草創期龍泉のこの窯址の特徴となっている。黄壇窯の釉色には福建省はすぐ近くだが、慶元県博物館へは、さらに、屏都鎮、松源鎮まで行かなければならない。この日私たちを大雨で直撃した台風1号は、熱帯性低気圧に変わり東シナ海を東進して行った。この台風の影響で、龍泉から松陽県へ抜ける山道は、2ヵ所も寸断され遠回りをしなければならなかったが、この時点ではまだそれを知らなかった。

20日、21日は、龍泉青瓷博物館副館長の楊冠富さんの案内で、金村窯址へ行った。龍泉渓の源流に近い。五代に作られた製品は、この流れに乗って温州まで運ばれたのであろう。水運といっても、動力の乏しい時代には逆のルートは困難で、ここが陸の孤島であることには変わりがない。この辺りの古墓からの出土は、この近くで作られていることに間違いなかろうと思われる。そのような意味において、現実や現場は論理的なのである。

李根弟さん宅を訪問した。この村には小学校がなく、帰りには、週末を家族と一緒に過ごした娘を小梅鎮にある小学校の寄宿舎まで送り届けた。李さん夫婦は上が娘なのでもう一人子どもが許され、一姫二太郎だった。74歳と72歳の、奥さんの両親と同居していた。このお年寄りがなんとなく元気がないのが、気になった。年金などが制度化されていないので、経済的なものを娘夫婦に頼らざるを得ないためなのだろうか、と考えもした。

24日、通訳の周才寶君、運転手の文史波君と杭州の空港で別れた。楊貴妃が好んだとされる荔枝を彼らの土産に買った。彼らは、唐の時代には明州と呼ばれた寧波の自宅まで、さらに120キロメートルほど走らなければならない。明州といえば、日本から三次の遣唐使が上陸し、桓武朝の804（延暦23）年の遣唐使では、4隻のうち第一船に空海が、第二船に最澄が乗っていた。空海は福州赤岸鎮に流されたが、最澄は明州に上陸を果たし、天台山に向かっている。遣唐使一行の長安への道のりは、命懸けの「辛苦すること極まりなし」だった。それに較べ、走行距離は1,746キロメートルを示していたが、心地よい疲れを感じる旅であった。

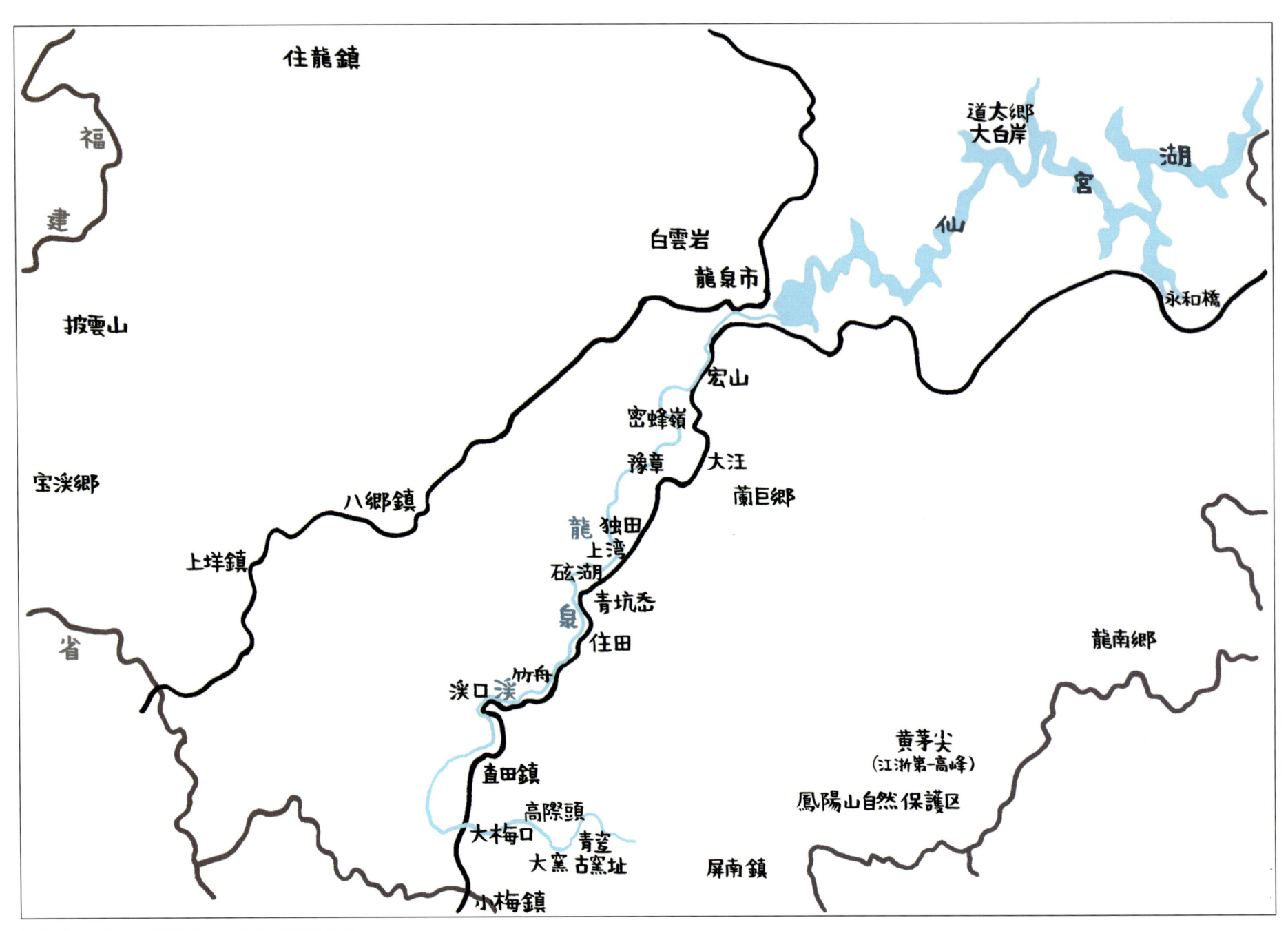

龍泉市交通旅遊図　1993年　広東省地図出版を利用

第III部

雲南省に喫茶の起源を追って

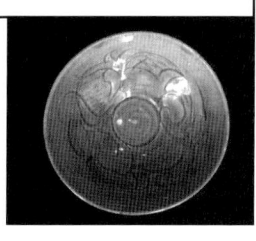

雲南省交通旅遊図　雲南省地図出版を利用

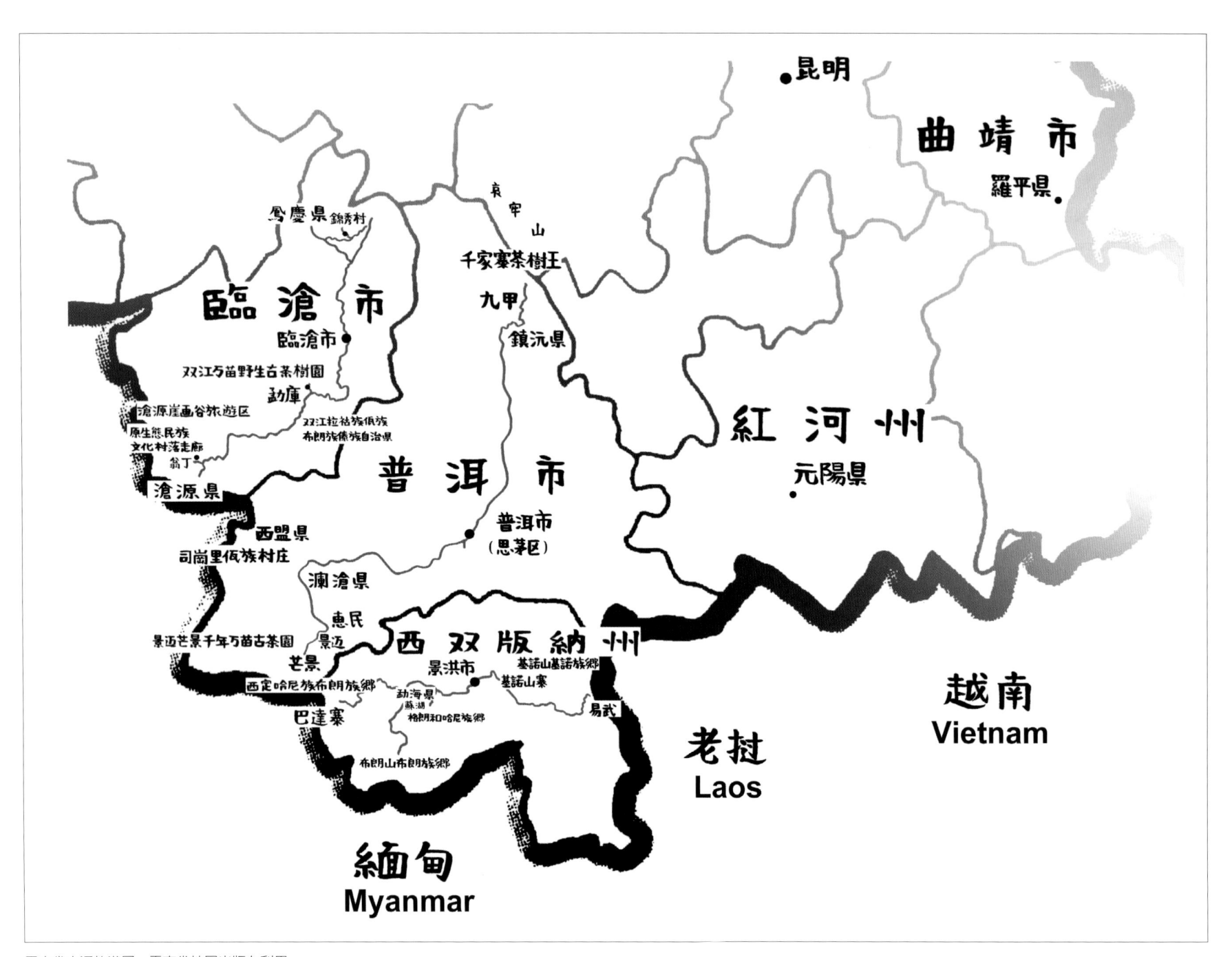

第3部・雲南省に喫茶の起源を追って

麗江古城（世界文化遺産）

種を2つずつ鉢に植えていた

種を殻から取り出し、「これはよい種だ。これはだめだ」と、教えてくれた

孫も手伝い

雲南省西双版納（シーサンパンナ）傣（タイ）族自治州勐海県から南へ80km。布朗（プーラン）族郷布朗山　平均海抜1220m。布朗山の入口の腊（せき）赶村。バナナ園には灌漑のホースがあった

仲買人夫婦が、製品となった茶葉（緑茶）を1斤（500ｇ）15元で買いに来ていた

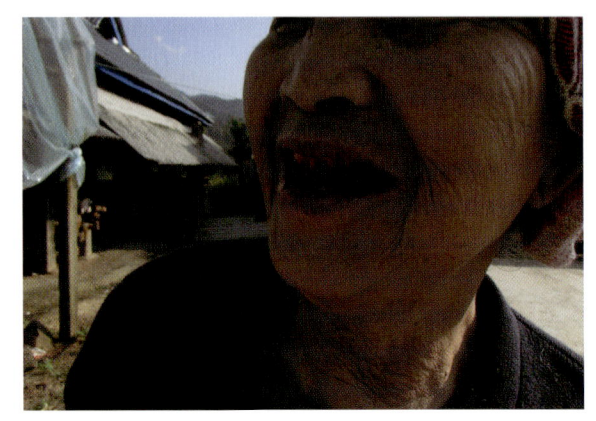

檳榔（びんろう）を噛む女性、新曼峨村にて

第3部・雲南省に喫茶の起源を追って

酸茶は、唐末以降に作られたのではないだろうか。
布目潮渢 1991『中国 名茶紀行』新潮選書 によれば、「唐末860年頃の雲南省銀生城（思茅地区）のことが『蛮書』にあり、その中で喫茶に習熟していた漢族の官人と思われる著者樊綽には、唐朝より雲南王に封ぜられた王にも、とくに漢族とは異なった茶葉の利用をしているとは映じていない。もし、茶葉を漬物にして食べたり、噛んだりしていたならば、著者は記述していたと思われる」と、ある。
松下智 2001『茶の原産地紀行 茶の木と文化の発生をさぐる』淡交社
によれば、「漢文化の受容に伴って茶の利用も受容したが、その初期には、これまで継承されてきた檳榔の利用に替わって、茶の葉も噛むことになったものと見ることができる」と、ある

「酸茶なら、家にある」という新曼峨村7号の岩光弟さん宅。茹でてから竹筒に入れ、土中で嫌気性細菌を発酵をさせる

塩茹でした「南京豆を食べて行きなさい」と言ってくれた

こちらは子犬が戯れていた

天日干し

腰につけたバッグ

新曼峨村

もうすぐ101歳の長老。栄西の『喫茶養生記』序には、「茶者（は）養生之仙薬也。延齢之妙術也。山谷生之其地神霊也。人倫採之其人長命也」と、ある

水煙草を吸っている。バルコニーで納涼し、穀物を干し洗濯をする場でもある。
北緯22°08、東経99°59。景洪市から120km、ミャンマーまで20kmほど。亜熱帯気候に属し、平均海抜1275m、年降雨量1800mm、年平均気温18〜20℃である

ビニールで覆い、穀物専用の干し場

普洱市瀾滄拉祜（フ）族自治県恵民郷芒景下寨　「芒景」は宝庫という意味であり、小乗仏教を信仰する布朗族の村である。
布朗族は、最も早くから茶の栽培を始めたという言伝えがあり、種を植えたらしい石器なども発掘されているという。
ここでは、人口2436人のうち、92.1パーセントを占める（2010年）。布朗族全体の人口はおよそ、9万1000人

柴（しば）刈り

刻んだ竹の子と壺

尻を出した子

第3部・雲南省に喫茶の起源を追って

明・清時代の茶の集積地である　勐力腊県易武郷
北緯20°51、東経101°21、平均海抜1400m。年降雨量1450～1900mm、年平均気温17.7℃

省都昆明で泊まった雲上四季「雲紡」支店近くの「老曾記面館」の店内にあった雲南省と昆明市の公益広告

この辺りでは、田植えから100日ほどで稲刈り（8月18日）九甲村から車で1時間ほど、普洱市に向かう途中で

茶葉を運ぶ馬や騾馬につけた鈴
景洪市への帰り道、運転手の朱為群君（38歳、漢民族）が、窓を開けてガムでも捨てているのかと思ったら、それは檳榔（びんろう）だった。一つもらった。ハッカとニッキのようなものだった。それは市内のタバコ屋で、タバコの横に置かれて、一袋8元と12元で売られていた。「有害口腔健康」と書かれてあった

ニワトリ

普洱（プーアル）市瀾滄県恵民郷景迈村大寨。
景迈寺の前にある掲示板によれば、
「景迈」はタイ語の発音であり、「景」は「町あるいは小土司官吏の所在地」、「迈」は「新」という意味である。数少ない高山タイ族村で小乗仏教を信仰する。
人々は農業と茶で生計を維持する。景迈大村は高くて険しい処にあり村の頂には千年以上経った何百万平方メートルの古茶園があり、村の底は雲海で、まるで雲の上にいるようだ、とある

木に登り茶摘み。千年万苗古茶園と呼ばれている。
茶葉は、5〜6cm、10cmのものもあった。
飲んだ後、茶葉を広げて測ってみた

竹の電信柱

村内にある茶葉古道。
景迈山は茶商と茶商が連れた馬でいっぱいであったという。茶の道の一つは、南に向かい、ミャンマーを通って、タイや海を経てマレーシアに到り、北は瀾滄江を渡り普洱そして、中国各地へ。また西に行き、インドやチベットに入った。最も大きな群れは、数百の馬や馬の背に詰まれた荷によって、山のように積み上げられたと、伝えられている

第3部・雲南省に喫茶の起源を追って

千家寨

普洱市鎮沅県九甲村

行く手を遮る滝で、私の乗ったミニバンは大丈夫だった。この後、2時間ほど山道を登ると、千家寨保護所がある

九天懸瀑と名づけられた滝の手前のCamellia Yunnanensis（五柱 真山茶）

2700年を超えているという茶の大樹。
ツバキが茶（Camellia Sinensis）に進化する過程の近縁種で、Camellia Talliensisih。普洱市の、雲貴高原にある哀牢山（標高3160m）の麓である鎮沅県管理局が管理する哀牢山国家級自然保護区の千家寨にある。高さ25.6m、幹の周囲2.8m。中国東方航空MU5706便の、昆明から普洱・思芽（スーマオ）行きの搭乗券の裏面にも、このような写真が掲載されている。昆明から北京行きMU5713便には、普洱　世界茶源（Pu'er The World Tea Origin）と、あった。茶を造りお茶を飲むという喫茶文化の発祥地ではなく、茶樹の原産地である、と私は理解している。
九甲村に泊まり、宿は40元、朝食は米粉の麺で5元だった。村のはずれに、千家寨まで17.2kmの道路標識がある

動植物の宝庫でもある

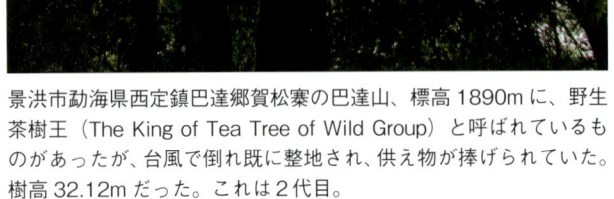

景洪市勐海県西定鎮巴達郷賀松寨の巴達山、標高1890mに、野生茶樹王（The King of Tea Tree of Wild Group）と呼ばれているものがあったが、台風で倒れ既に整地され、供え物が捧げられていた。樹高32.12mだった。これは2代目。
松下智 2012『茶の原産地を探る』大河書房よればCamellia Sinensisの方が、Camellia Talliensisihよりも美味しく、茶樹としては置き去りにされてしまった。
鎮沅県の千家寨の茶樹と同様に

茶葉の長さは16cmのものもあった

哈尼（ハニ）族。山道の傍らには、実生の茶の木が見られる
この茶葉は、Camellia Talliensisihである。現在でも、飲用に利用している
浙江省の龍井茶や安吉県白茶は、5〜6cmの茶葉がほとんどで大きくても9cmほどである

第3部・雲南省に喫茶の起源を追って

その裏側

景洪市勐海県南糯山の茶樹王の2代目

竹製テーブルと椅子

傣族の岩勇さん

布目潮渢 1991『中国 名茶紀行』新潮選書 によれば、初代の「茶樹王簡況」と書かれた立札には、西双版納勐海県は雲南省の産茶の盛んな地の一つで、普洱茶を産するので、名が中外に聞こえ、「普洱茶の郷」と称せられている。県内には茶樹を栽培する1700年の悠久の歴史がある。南糯山の哈尼族の史伝に拠れば、すでに55代の人が茶を植えてきている。この株の茶樹王はすでに800余年もたっていて、雲南大葉種の品種に属し、すぐれた独特の佳味があり、今でも新しい茶葉を採摘することができる。専門家の調査の結果、わが国早期の茶栽培の一例とされ、茶史の研究に対して重大な根拠を提供している。茶樹の高さ、5.4795m、樹の広がりは10.9×9.86m、主幹の円周は1.38m。格朗和公社南糯山大隊と、あった。
そして、760年頃の『茶経』一之源の「茶者、南方之嘉木也‥其巴山峡川、有両人合抱者」の両人合抱にならった写真が添えられている。巴山峡川は、現在の四川省

勐海県格朗和哈尼族蘇湖村にて

茶葉古道景区内にあったもの

ショルダーバッグ

86

第3部・雲南省に喫茶の起源を追って

南糯山姑娘寨への折

基諾山寨にて

巴達山からの帰り

南糯山の哈尼族民族レストランの米櫃（びつ）

基諾山寨にて

基諾山寨にて

ドクダミの根。漬物にする。景迈からの帰りに

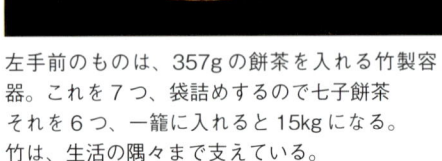

左手前のものは、357gの餅茶を入れる竹製容器。これを7つ、袋詰めするので七子餅茶　それを6つ、一籠に入れると15kgになる。
竹は、生活の隅々まで支えている。

雲南には、「自分たちの先祖は竹の中から生まれてきた」という、言伝えがある。遺骨の一部を入れて魂が竹に帰るようにと、竹霊筒を吊るす地域もある。

徳宏傣族景頗（チンポー）族自治州には、全長80mの竹だけで作った橋がある。縛るのにも、竹製の紐を使い、乾燥すると締まり、強度が増す。毎年4月には、村人全員で橋の補強する。高さ20mにもなり、建築資材に利用する雲南竜竹、栗色の鞘（さや）が鮮やかで、竹の貴公子とも呼ばれ、糯（もちごめ）を入れて炊く香糯（こうだ）竹、竹の便利やと呼ばれる、節と節の間が長く、竹ヒゴに利用する黄竹など、250種類はある

参考；NHKスペシャル『世界里山紀行　中国・雲南　竹とともに生きる』2007

オートバイの荷台

南糯山入口にて

易武からの帰り道、勐倉では、竹虫（ノメイガの仲間）が売られていた

窓や扉には、このような建具が見られる

新芽が紅い「紫娟」と呼ばれる茶の苗

第3部・雲南省に喫茶の起源を追って

翁丁村1組の楊寨得さんがお茶を淹れてくれた。佤族は、最も早くから野生茶を飲み始めた民族の一つで、それは1700〜1800年前の後漢時代とされている。
「一片の茶葉は一座の山を表し、一滴の茶水は一条の大河を表している」と言う

滄源県（勐角郷）翁丁佤寨（県城から32km）。少数民族佤族の村
龍竹は巨きなものになると、直径30cmにもなる。2010年の上海世界博覧会で、最もすぐれた建築材料の一つに選ばれている。
足場に使われている現場には、しばしば出くわす

牛は自らは草を食み、その生涯において、辛苦な耕作を助け我々に大量の米を与える。
佤族にとって、「牛は親密な友人であり、親密な伴侶とも言え、また英雄でもあり、その高尚な精神は感動的であり、保護神にもなっている」

第3部・雲南省に喫茶の起源を追って

臨滄市鳳慶県錦秀村（臨滄市の地図では、錦秀村の秀に糸偏がついていた）の樹齢3200年の栽培種の茶樹
海抜は2245m。この栽培種に付けられたプレートには、

古茶樹保護碑
編号：００００１
山茶科山茶属大理茶種
学名：Ｃ．Ｔａｌｉｅｎｎｓｉｓ
樹高：10.6米　胸径　1.85米胸囲
5.82米
樹齢：3200年
保護等級：特級
鳳慶県人民政府
2013年6月

古茶樹保護碑

管理人の彝族の李映松さん

交通標識によれば、錦秀村を茶王村と呼んでいる

双江（拉祜族佤族布朗族傣族自治）県勐庫鎮（大戸賽）の大雪山にある、海抜高度2200m～2750m、12,700を超える古茶樹群。
1997年の浙江大学浙江農学院　虞富蓮教授らによる調査によると、これは、国内外最高海抜で、密度、広さともに最大。樹齢2500年を超える（3000年とも）古茶樹を目指して、古茶樹9号、2号、25号、26号、7号、プレートの剥がれた号、3号、27号。
息子が馬に乗っているスマホの写真を見せながら、村委員会の李荣林さんは、「歩くのは大変なので、馬を出そうか」と、言ってくれた。
李さんの父親である肖貴財さん（63歳）の奥さんが、双江県勐庫古茶樹群落保護管理所まで、車に同乗。そこで、肖さんが待機していてくれた。肩から提げたバッグには、茶葉をいっぱい入れた暖かい水筒があった。
山道に石があれば、それを傍らに落としながら、枝が伸びていれば、折りながら。片道9公里（km）の、ほぼ上り坂。午前9時に発った

第3部・雲南省に喫茶の起源を追って

海抜 2720m にある
樹高 16.8m、基囲 3.5m（基部直径 1.1m）、胸囲 3.1m、樹幅 3.4 × 11.9m
世界古茶谷（壹号）

古茶樹1号の茶花

11月11日 7時46分（現地時間）

午後4時半に肖さんの家に戻った。土のブロックで造った家だった

勐庫市内　道路脇で、茶葉の選別をしていた

大戸賽餅茶

李さんの息子が村内を案内してくれた。訪ねた農家では、お茶請けに胡桃を出してくれる家もあった。茶摘み後、釜炒りの「殺青」を経て、揉捻をする。そして、日光に当て「晒（さい）青」をする。
その揉捻機

94

第3部・雲南省に喫茶の起源を追って

滄源にて

普洱市蘭滄拉祜族自治県文東郷邦崴寨
野生種から栽培種への過渡的な茶樹とされている。
「樹高11.8m、樹幅8.2×9.0m。直径30cm内外のものが3分枝した喬木となっている。葉形は、長さが13cm前後、葉幅が5,3cm前後で葉脈は7～12対と大葉種の茶と変わりはない。外形的には雲南大葉種に近く、栽培形への移行途中の植物ということが納得いく姿をしている」　松下智 2001
『茶の原産地紀行』淡交社

邦崴寨

文東郷

ここに描かれている古代人は、まだ、茶を飲むことを知らない。
　中村史朗1995『華陽国志・巴志』中国古典新書続編によれば、華陽とは、華山の南側の地方のこと。華山は陝西省華陰県の南に位置するので、華陽を広義に解釈した時、現在の陝西省南部から四川・雲南・貴州の三省および湖北省の北部までを含むことになる。
巴地方に於ける古代から晋初までの、伝説や歴史的変遷を述べた総論部分の抄訳の前段に、以下の記述がある。
「周の武王既に殷に克ち、‥‥其の地は、東は魚復に至り（四川省奉節県）、西はボク道（四川省宣賓県）に至り、北は漢中（陝西省南鄭県）に接し、南は黔（けん）・涪（ふう）を極む。‥‥桑・蚕・麻・紵（ちょ、麻の一種）・魚・塩・銅・鉄・丹・漆・茶・蜜・霊‥‥あり、皆之を納貢す。‥‥園（畑）に芳蒻（ほうじゃく、においの高いがま）・香茗（香のよい茶）・給客橙有り。」蜀志（抄）にも、名茶の産地として「広漢郡什邡県」の記述がある。
これらのことから、紀元前11世紀の周初には、茶の栽培が行われ、名茶と呼ばれるものが出現しし、それらは貢物として納められていたことが窺える

滄源崖画は、滄源県勐省鎮、勐来郷、糯良郷の、海抜1000〜1800mに15か所にあり、私は風雨や直射日光から、よくぞ現在にまで持ちこたえられたものかと、思った。新石器時代晩期の、およそ3500年前のものと考えられている。1号点は、県城から20km

第3部●雲南省に喫茶の起源を追って

雲南省・紅河ハニ族イ族自治州のほぼ中心に位置する元陽　哀牢山脈の南麓に拡がる多依樹の棚田　右は普高老寨村　磨茹房と呼ばれる萱葺き屋根が載っている哈尼（ハニ）族の住まい

水源を見て廻る長老　全福庄村

住人はまた、稲作の起源の地の人々でもあった

「臥薪嘗胆」や「呉越同舟」の言葉で知られる呉王夫差や越王勾践は、異民族と見られている。春秋時代の江南は、ほとんどが南方系の民族で、漢民族は少なかった。長江中・下流域の最古の稲作遺跡の一つである河姆渡遺跡は、その越の都である会稽（浙江省紹興）に近い。稲藁（いなわら）の堆積層が確認され、水牛の肩胛骨で作られた古いタイプの鋤（すき）が出土している。

紀元前334年、高度な文化を誇っていた越も（楚によって）滅ぼされ、住人は南に逃れて「百越」といわれる小さな国々を建てた。その末裔なのであろうか。雲南省の閉ざされた奥深い山地で、森林を崇拝し、水田稲作をしている。全福庄村では、棚田面積21.76haに対して森林面積は17.23haである。湛（たん）水によって、土中の病原菌が増えるといった連作による障害がなく、人の手によってなしえた農業における奇跡であった。

参考：池橋宏2005『稲作の起源』講談社藤原宏志1998『稲作の起源を探る』岩波新書

老虎嘴棚田　猛品からの眺め

ハイ飯荘と読む
イは、イ族のイ

銅鋤　西漢
禄勧県出土
雲南省博物館にて

牛角寨の市場

手提げのついた提梁銅壷
東漢（25〜220）
呈貢県小松山1号墓出土

「鍾」とよばれる銅壷
西漢（紀元前206〜西暦8）　普寧県金砂山
出土（石寨山6号墓出土）？

第3部・雲南省に喫茶の起源を追って

黄草嶺の棚田

雲南省羅平の螺子田と呼ばれる段々畑

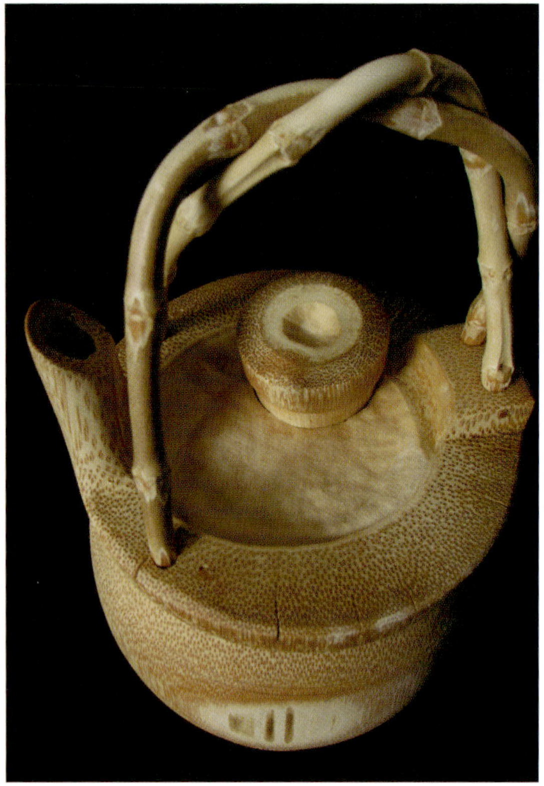

第IV部

高麗青磁の起源を追って

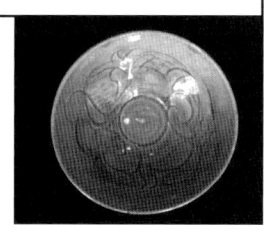

1章　高麗青磁の起源を追って1

「まるで上林湖畔を歩いているようですね」

これがソウル郊外の始興市芳山洞窯址の、レンガで作られていた青磁窯あたりを歩いているときの印象であり、案内してくれたAさんに話しかけた言葉なのである。1999年のことだった。サヤや陶片の混じる畑にサツマイモの苗が植えてあった。水汲みのおばあさんに、頭にのせたたらいを下ろしてくれるようにと頼まれた。

この窯址から「呉越」と書かれたようなサヤが出土している。また、「甲戌」（きのえ・いぬ）銘の皿が出土している。中国の「呉越」国は907年から978年にあたるので、そうであるならば914年か974年を意味していることになる。物原は陶器窯と青磁窯の間にあり、最下層では陶器片が出土し、その上から「蛇の目高台」とよばれる碗が出土している。この「先蛇の目高台」碗は、見込みに鏡面とよばれる窪みはない。この物原の堆積層から、陶器から磁器への窯業の変化を知ることができる。陶器を生産している時代に中国から青磁の技術が導入され操業が始まったことが推測される。そして、隣り合わせに位置している、陶器を生産していた小さな窖窯から青磁を作る大形のレンガ窯に移行していることが理解できる。この青磁窯は長さが39メートルである。（高麗時代は918年から1391年）

龍仁市の西里窯址では、上部の土築窯の下にレンガ窯が確認されている。つまり、窯の構造は、レンガ窯から土築窯に変化していることを示している。中国浙江省の上林湖畔にある荷花芯窯址は、長さ40メートル、出入り口7箇所で、長さにおいて芳山洞窯と西里窯とほとんど同じである。また、最近報告書の出た寺龍口窯址にも似ている。芳山洞窯址から出土したサヤ台に書かれた「奉化」の地点からも遠くはない。そして、奉化窯の本格的な操業は五代初期の10世紀の初めのようである。西里窯の4層の層位では、最下層から

第4部・高麗青磁の起源を追って

初期の高麗白磁碗

先蛇の目高台碗（韓国・海剛陶磁美術館）

円山里出土のものに酷似している越州窯碗

臨安市出土　越州窯碗　五代天福四年銘

順に、「先蛇の目高台」→「先蛇の目高台」に「蛇の目高台」が少し混ざり→鏡面のある「蛇の目高台」が現れ→「後蛇の目高台」とよばれるものになり、一部に鉄絵が試みられていることを示している。また、越州窯において、高台畳みつきにある目跡がリング状の窯道具を使って高台内に移行するのは、10世紀前半である。（参考：金大考古34号）これらのことからも、初期青磁は10世紀前半に、朝鮮半島の中西部地域の大形レンガ窯から始まり、その後、南西部地域の小型土築窯で良質な高麗青磁が誕生したとする説に、私は同意するのである。なお、今のところリング状の窯道具は、南西部地域では見つかっていない。

芳山洞窯址から出土した水注の注ぎ口がすっと伸びていたり、リング状の窯道具は五代の特徴をみせている。「甲戌」銘を974年と判断して、10世紀後半に操業を開始したとする説がある。「ひとつの窯が約10年間製作活動を行ない、何回かの補修を経てとなりに新しい窯を作る」例は、朝鮮時代の広州一帯での官窯からみることができる」ことは、炭筏里や松亭里や新垈里などを私も歩いて理解している。そのことを裏付ける干支が刻まれた陶片を見かけることも、珍しいことではない。そのことから、黄海南道円山里の青磁窯の物原の最上層から出土した淳化3年（992）銘の高杯から、操業の開始をその直前とする見解がある。しかし私には、そのように理解するよりも、その物原の堆積層の厚みからは、この時代の操業期間をさらに延ばした方が良いように考えられる。龍仁西里窯址などは窯の両

脇は山のようになっているし、第4層の最下層だけでもゆうに2メートルを越えている。そして、中国の玉璧底高台（蛇の目高台）に続く玉環底高台碗を取り入れて10世紀前半に操業を開始したとする方が、説得力があるように考えられる。

私が訪ねた時は、東京国立博物館やソウルの国立中央博物館、そして、康津青磁資料博物館でも、高麗青磁の最初期の展示に10世紀として、同様の碗が置かれていた。「小さな蕾」2003年9月号の高麗美術館における「朝鮮古陶磁との出逢い」の白磁壺についてなのだが、この口縁部の作りは松亭里窯に見られるものに酷似していると感じる。新垈里窯に見られるものとは、少し感じが違う印象を持つ。分院の稼働時期から、17世紀後半よりも少し遡り、17世紀中葉に、私には思われるのである。

2章 高麗青磁の起源を追って2

２００４年の、大阪市立東洋陶磁美術館の「高麗青磁の誕生」展は多くの人でにぎわっていた。この展覧会の特色は、東洋陶磁美術館の所蔵する美しい高麗青磁を見ることができることはもちろんなのだが、高麗青磁の誕生の謎解きに迫っている点にある。その図録の大半に、研究における最前線の論考を載せていることでも理解できる。東京の出光美術館の「古九谷、その謎にせまる」展でも、多くの陶片を提示することにより、見る者に考えさせる内容になっていて、こうした傾向はますます増えていくように思われた。

「高麗青磁の誕生」展では、中国陶磁器における碗、輪花鉢、花形皿、そして、水注との類似性から、その誕生の時期を求め、そのルーツを探っていた。中国越州窯の技術の導入により誕生したことには明らかなのだが、部分的には、「北方からの新しい影響の萌芽を示唆しているのではないか」と、吉良文男さんは東洋陶磁学会30周年記念誌のなかで、陝西省黄堡（よう州）窯の影響を指摘されている。4～5の輪花皿を主流とする唐様式と繊細な陰刻線で輪花とする北宋に見られる様式の中間に位置する五代～北宋初の一様式であるとされていた。しかし、韓国の始興市芳山洞窯址から出土する花形皿に似たものは、五代から北宋初めの越州窯にも存在しており、それらは、浙江省上虞市の博物館では、私が訪ねた折、実際に手に取って見ることができるようになっていた。

土のものだった。また、平凡社版「中国の陶磁」のNo.４『青磁』に掲載されている大阪市立東洋陶磁美術館の草花文輪花盤は、今のところ生産窯は特定できないとされているが、その窯寺前窯が最たる候補地であると、私は考えている。中国陶磁器において、青磁が青磁らしい釉色を見せるのは後漢時代とされているが、後漢時代の小仙壇窯址は曽娥江という川を挟んで窯寺前窯址の反対側に位置している。また、だれにでも実際に陶片を手に取り見せる展示方法ということでは、韓国の康津青磁資料博物館を訪ねた折も、そうだった。

始興市の芳山洞窯址からは、五代の越州窯の水注に酷似したものが出土している。五代の越州窯の水注は、慈渓市の上林湖畔の周家岙窯址から出土したのものが報告されている。修復された水注は、そこからの出土と思われる。

２００３年、江戸東京博物館の「発掘された日本列島」展でも、福岡市の鴻臚館跡から出土したものが陳列されていた。越州窯系の9世紀のものとされていたが、10世紀前半とされる水注とともに粗製の青磁であるため福建省の懐安窯かいあんの可能性が指摘されていた。

なお、高麗青磁の起源を追って（１）では、私は「呉越」と「甲戌（きのえ・いぬ）」と書かれた（少なくとも、そのように読める）サヤや皿が出土していることなどから、その起源を考えてみた。サヤの台に書かれた「奉化」はくっきりと読み取れない。強引すぎるところがあったかも知れない。上虞市の窯寺前窯址からの出

上林湖畔

第4部・高麗青磁の起源を追って

韓国の始興市芳山洞窯址より出土

中国の上虞市窯寺前窯址にて

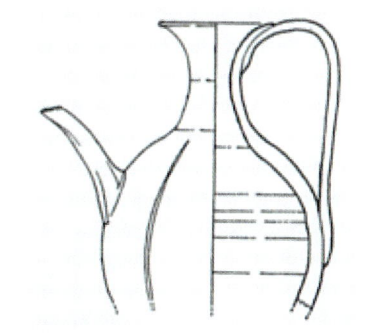

芳山洞窯址より出土

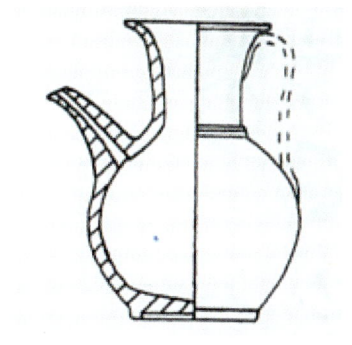

中国の慈渓市の周家岙窯址

太平戊寅銘

大中二年銘

福岡県鴻臚館跡より出土

左　リング状の窯道具
（中国・上虞市窯寺前窯址）
右　上林湖畔黄鱔山窯址

窯寺前

れ、2003年9月に、中国浙江省の奉化市孫侯村の窯址を訪ねた。ここで紹介した始興市の芳山洞窯址などの高麗青磁の初期窯址から出土している花形皿は、やや時代が下ると考えられている全羅南道の康津郡龍雲里の9号窯などでも出土しているし、長興郡豊吉里などでも未調査なので、今後新たな発見があるかも知れない。私はまだ報告書のみで、龍雲里9号窯などを実見していないが、それらの花形皿の型式は、芳山洞窯址のものよりやや遅れて出現するものとされている。

しかし、碗に関しては、従来いわれてきた中国の晩唐期の玉璧（蛇の目）高台碗との類似性よりも、高台の大きさ、碗の傾斜の角度、鏡面とよばれる見込みにおける窪みの有無など、その相違点が認識されてきている。そこで、花形皿と水注に注目して述べたのである。

海剛陶磁美術館の李鐘玟さんによれば、芳山洞窯址などのものよりやや遅れて出現するものとされている。

金村の農家の土壁　北宋の陶片が見える

「あとがき」より

宋代の科挙に及第した高級官僚である士大夫の審美眼が、一つの到達点とされる青磁の釉色を育んだと云えるのだろうが、陶工たちを包み込んでいる静謐な大自然なのではないかとも、私には感じられる。大陸で誕生した陶磁器を憧憬の対象としていた我が国茶人の眼も、寄与したに違いない。

早稲田大学北京事務所と北京大学国際合作部は、北京大学考古文博学院の権奎山教授を"訪問して研究"するという立場を私に与えてくれた。権教授からは、

中国南方隋唐古墓的分区分期 『考古学報』1992-2
試論南方古代名窯中心区域的移動 『考古学集刊』第11集 1997
三国両晋南北朝時期制瓷工芸的突出成就 『跋渉集』1998 北京図書館出版
江西景徳鎮明清御器（窯）廠落選御用瓷器処理的考察 『文物』2005-5
唐五代時期定窯初探 『故宮博物院院刊』2008-4

の5本の論文と、
著書『景徳鎮出土明代御窯瓷器』2009 文物出版社
をいただいた。4つめの論文については、出光美術館館報132号を利用した。2つめの論文「試論南方古代名窯中心区域的移動」については、フィールド調査をし、論考は、その翻訳から進めた。新しい知見を加えたものが論文。レポートを論文と間違える人がたくさんいる、とあった。どこまで迫ることができるのだろうか。

清らかな龍泉への訪問が、日中両国の架け橋に、ささやかながら役立っていることを、また願っている。

6月4日　小梅鎮にて

2011年8月27日　上垟鎮にて。
蘭は龍泉市の花。
天師山（1675m）に登った折に

謝辞（あとがきに代えて）

中国浙江省龍泉の古窯址には、26回の踏査を行いました。草創期の、10世紀頃（五代から北宋初期）の淡青釉青磁（9ページ）などは、我が国の博物館などには見られない貴重なものでした。近い将来に改訂版を出させていただくということで、舌足らずではありますが、ここで区切りをつけることにしました。そして、龍泉窯が龍泉窯として変容を遂げた草創期はいつなのか、また、人類が茶を飲み始めたのはいつの時代なのか、中国の友人のために、結語のみ翻訳を付記しました。

末筆ですが、浙江省博物館の李剛先生、北京大学の権奎山教授、秦大樹教授、そして、龍泉青瓷博物館の呉秋華館長、楊冠富副館長に大変お世話になりました。親しくさせていただいた権先生とは同年齢でしたが、急逝されてしまいました。悔しく、残念でなりません。

序

龙泉窑的创始期始于何时？

龙泉窑所产的青瓷以及它被开创之前所产的青瓷，与其说它们常常被浙江北部的越州窑或者浙江东南部的瓯窑所产的青瓷混淆在一起，还不如说它们被人认为是落后于这两块地方。

有人认为，在北宋初期左右龙泉窑确立了它独有的特色和风格。因此，龙泉窑青瓷的黎明期可以追溯到11世纪—12世纪左右。而我认为，龙泉窑的创始（黎明）期可以追溯到10世纪前叶。从附加的资料上来看，被公认为是制作与创始期的淡青釉瓷器，在我看来少说也可以追溯到五代十国的吴越国末期。指出这个可能性的评论，时不时得会得到中国研究者们的共感。

新发掘的淡青釉的轮花（莲花）碗（NO.11），与天复元（901）年水邱氏墓所出土的越州窑青瓷碗完全是同一个形状。还有，从被认为是同一个地层所出土的划花大碗（NO.10，反面的NO.9）以及附加资料（NO.85，NO.86，表面的NO.87）来想，我认为龙泉窑的创始期始于五代十国。也就是说，龙泉窑确立了它独有的特色和风格是在10世纪前叶的五代十国这个可能性。

所谓华阳，就是指华山以南的地方。华山因地处陕西省华阴县南部，所以，从广义上来解释华阳，应该是指现在的陕西省以南至四川，云南，贵州三省，另外还包括了湖北省的北部。

从古代到晋朝初期，关于巴蜀之地的传说或者历史变迁，在摘译的总论的前段，有着这样的叙述。

『武王既克殷……其地，东至鱼复，西至僰道，北接汉中，南极黔涪。桑、蚕麻、苎（麻的一种。）鱼、盐、铜、铁、丹、漆茶、蜜、灵龟……皆纳贡之。……园（旱田）有芳蒻（有着强烈香气的蒲草）香茗（香茶）给客橙。』在蜀志上也有着巴蜀之地是名茶产地的描写。从以上资料可以推测出，巴蜀之地就开始种植栽培茶树，并得到名茶的称号。然后这些名茶被作为贡品征收。

参考：中村史朗，1995，《华阳国志·巴志》中国古典新书续篇

あとがき

脇道に入ると、マコモが栽培されていた

十数年前の、上海から杭州の国道はのどかなものであった

杭州の友好飯店の窓からの眺め

アヒルの養鶏場

● ● ● 著者紹介 ● ● ●

竹大和男

社会人入学して

　早稲田大学大学院人間科学研究科で、「型式学によって考古資料の編年体系が確立し、時間軸を設定できるのです」と、『考古学からみた近世都市江戸』について聴講したのは、2004年の秋だった。「実業の世界では独創性が優劣を決めますが、学問の世界でも独創性に尽きるのです」とも、語られた。入学を許可された修士課程では、脳科学の精神生理学など私には未知の興味をそそられる世界があった。博士課程では、『ワインの民俗誌』などで知られる蔵持不三也教授との出逢いは幸運だった。私は商学部を卒業後すぐにフランス駐在員となり、葡萄畑が美しいアルザスのリックビーユ村で、誕生間もない長女を抱え家族で過ごしたからだ。1974〜5年、パリ第3大学に在籍した。

　そして、北京大学の権奎山教授を訪問しての、昨年の龍泉古窯址踏査は、1997年3月に初めて源口窯址を訪ねてから17年が経過した。會津八一記念博物館の客員研究員を務め、2010年1〜3月には、「竹大コレクション」展を開催していただいた。

　右端は、青花唐子文万暦年製合子。中央手前、肥前草創期に見本となったであろう中国の青花圏線文小皿や左手前、草花文小杯。中央奥は、肥前幕末の鉢で、トルコ・イスタンブールからの里帰り品。

　北京大学への2年間の訪問研究を含めて、早稲田大学大学院博士後期課程に4年半在籍した。1947年、東京生まれ。

龍泉青磁の起源を追って

2014年6月24日　第1刷発行

著　者　竹大和男
発行者　伊藤泰士
発行所　創樹社美術出版
〒113-0034 東京都文京区湯島2-5-6
電話 03-3816-3331
FAX 03-5684-8127
振替 00130-6-196874
http://www.soujusha.co.jp

印刷・製本　ティーケー出版印刷

©2014 Kazuo Takedai　Printed in Japan
ISBN 978-4-7876-0085-1
乱丁・落丁はお取り替えいたします。本書の無断転載を禁じます。